Cosima Bellersen Quirini

Joghurt, Quark und Käse

Natürlich selbst gemacht

Ulmer

Bevor es losgeht

Bevor Sie mit der eigenen Milchproduktherstellung starten, sind ein paar Grundinfos zu Milch und Käse interessant und gut zu wissen.

7

Milchküche

Von der Milch zu verschiedenen Sorten Dickmilch oder auch frischem Joghurt – Natur, als Trink- oder Fruchtjoghurt, inklusive exotischer Leckereien.

21

Rahmküche

Vom Rahm zu traditionellen Köstlichkeiten und neuen Kreationen, ganz egal, wie der sämige Ausgangsstoff bei Ihnen heißt: Sahne, Rahm oder Schlagobers. Freuen Sie sich auf cremige Ergebnisse!

Käseküche

Wer die Tricks der heimischen Käseküche kennt, kann viele Käsesorten in der eigenen Küche herstellen. Viel Spaß dabei!

Service

Gute Gründe

Mein unverfälschter Käse

Im Zeitalter von Lebensmittelskandalen und befremdlichen Begriffen von Kunstkäse bis Analogkäse werden die Rufe nach traditionellen Milchprodukten mit natürlichen und unverfälschten Inhaltsstoffen lauter. Bei Ihren eigenen Milchprodukten bestimmen Sie selbst, was reinkommt, nämlich das Beste aus der Milch und Verfeinerungen ganz nach Gusto: Gewürze, Nüsse und mehr.

Kein Hexenwerk

Im Grunde ist es ganz einfach:

> Nur aus Rahm oder Milch und Säuerungskulturen können Sie Sauerrahm (Saure Sahne), Dickmilch, Buttermilch, Crème fraîche und Schmand machen.
> Mischen Sie Milch zusammen mit Joghurtkulturen, kommt dabei Joghurt heraus.
> Milch mit Säuerungs- und/oder Joghurtkulturen und dem Kefirpilz ergibt Kefir.
> Für Butter und Butterschmalz brauchen Sie nur Sahne und eine Vorrichtung zum Schlagen.
> Verarbeiten Sie Milch und/oder Rahm mit Säuerungs- und/oder Joghurtkulturen sowie Lab oder Säure, wird daraus Molke und eine Vielfalt an Käsesorten, von Frischkäse bis Hartkäse – die gesamte Palette!

Geld gespart

Die Joghurt- und Käseherstellung selbst in die Hand zu nehmen, spart etwa die Hälfte des Kaufpreises ein. Lassen Sie die Massenware einfach liegen und legen Sie selbst Hand an!

Es gibt also genügend handfeste Gründe für eigene Milchprodukte. Das Buch soll aber nicht nur Techniken zur Verarbeitung von Milchen zu Milch- und Käseprodukten nahebringen, sondern ebenso die sinnliche und gleichzeitig kreative Lust am Selbermachen entfachen.

In diesem Sinne wünsche ich Ihnen viel Spaß beim Weiterlesen und vor allem gutes Gelingen, Glück und Erfolg bei der eigenen Joghurt-, Quark und Käseherstellung!

Cosima Bellersen Quirini

Bevor es losgeht

Wer hat den Käse erfunden?
Welche Milchsorten gibt es eigentlich?
Wie unterscheiden sie sich?
Welche Milch ist für was geeignet?
Welche Produkte dürfen Menschen, die an einer Laktoseintoleranz leiden, konsumieren?

Die Antworten dazu und einiges mehr finden Sie in diesem Kapitel.

Eine Erfindung der Götter

Ob Mythos oder Zufall – die Erfindung der vielen Milchprodukte ist in jedem Fall ein großer Glücksfall. Die Kunst, Milch auf so unterschiedliche Art zu verfeinern, erscheint so wenig profan, dass wir einem menschlichen Wesen nicht zutrauen wollen, so etwas Wunderbares erfunden zu haben.

Nach alten Büchern ist Käse eine Erfindung der griechischen Götter, die der junge Schäfer Aristaios den Erdenbürgern beibrachte. Dem Mythos mag man Glauben schenken oder nicht. Die Vorstellung jedoch, Käse sei ein göttliches Geschenk, braucht wohl wegen des wunderbaren Geschmacks auch nicht weiter hinterfragt werden.

Käse durch Zufall und später der Joghurt

Tatsächlich datiert man den ersten Käse bereits in die Steinzeit – allerdings war Käse damals eher durch Zufall entstanden. Zum einen entdeckte man, dass Milch an einem warmen Ort zu gerinnen begann. Zum anderen transportierte man Milch oft in Magenhüllen, die wiederum natürliches Lab, das natürliche Ferment der Kälbermägen, freisetzte und dadurch die Trennung von Bruch und Molke herbeiführte. Die dritte Variante der zufälligen Entdeckung von Käse geht aufs Schlachten zurück. In Kälbermagen fand man große Käsebruchklumpen, die von der Molke abgetrennt lagen.

Die Herkunft von Joghurt wird den Bulgaren zugeschrieben, die Herstellung ist ab dem 16. Jahrhundert belegt. Der Begriff Joghurt stammt aus dem Türkischen und heißt so viel wie „gegorene Milch“.

» Darüber, ob es der oder das Joghurt heißt, kann man sich trefflich streiten, denn beides ist laut Duden möglich. In Deutschland heißt es meist der Joghurt, in Österreich und der Schweiz meist das Joghurt.

Butter für andere Zwecke

Butter diente zunächst als Salbengrundlage und entwickelte sich erst im Mittelalter zum Nahrungsmittel. Vor allem galt sie aber als bruchsicheres Verpackungsmaterial – es war daher immer beruhigend, „alles in Butter“ zu wissen.

Wichtig für den Geschmack: Tierart und Futtergabe.

Basiswissen Milch

Wer Milchprodukte selbst herstellen will, sollte über seinen wichtigsten „Rohstoff" Bescheid wissen. Wie jeder Supermarktbesucher merkt: Milch ist nicht gleich Milch! So ist es für Verarbeitung, Reifeprozess, Gesundheit und Geschmack entscheidend, welche Milch für was verwendet wird.

Von Schaf- bis Büffelmilch

Der Geschmack verschiedener Milcharten kann sehr unterschiedlich sein: Milch von Ziege oder Schaf schmecken kräftiger als Kuhmilch und wiederum anders als Büffel- oder Stutenmilch, die von Schwarzvieh anders als die von Hinterwälder oder Fleckvieh. Aber nicht nur die Tierrasse, sogar Herkunft, Jahres- oder Tageszeit, Futtermittelgabe und Verarbeitungsart bestimmen den individuellen Geschmack der Milch.

Folglich unterscheiden sich daher auch die Produkte, die aus der entsprechenden Milch hergestellt werden, je nach Voraussetzungen.
Kuhmilch kennt jeder. Zum Vergleich hier das Wichtigste zu anderen Milchsorten:
Schafsmilch schmeckt kräftiger als Kuhmilch und manchmal leicht nach Lamm. Sie ist die eiweiß- und vitaminreichste Milch.
Stuten- und Eselsmilch haben viel Milchzucker und schmecken daher süßlicher als Kuhmilch. Sie sind wässriger als Kuhmilch und sehr viel fett- und einweißärmer. Daher sind sie fürs Käsen eher ungeeignet, nichts spricht jedoch für andere Milchprodukte aus diesen Milchsorten.
Ziegenmilch schmeckt leicht nussig und meistens nicht etwa streng.
Büffelmilch schmeckt würziger als Kuhmilch und enthält fast doppelt so viel Fett.

» Eine Kuh gibt im Jahr über 10 000 Liter Milch, ein Schaf 300–400 Liter, eine Ziege etwa 500 Liter.

Allen gemeinsam ist, dass sie – weder frisch, noch behandelt – kaum zu bekommen sind. Haltbare Ziegenmilch ist mittlerweile jedoch in manchen Supermärkten und vielen Biomärkten vorrätig.

Alle anderen Milchsorten können Sie eventuell über private Anbieter beziehen, abhängig von der Verfügbarkeit, die in der Regel auf die Laktationszeit (nach der Geburt der Jungtiere) beschränkt ist. Am besten versuchen Sie, über das Internet herauszubekommen, wo in Ihrer Nähe Bezugsquellen zu finden sind.

Welche Milch nehme ich?

Darüber streiten sich die Menschen. Entscheidend für die Verarbeitung und den Geschmack ist, wie die Milch vorher behandelt wurde. Auch in Sachen Gesundheitsrisiko gibt es Unterschiede.

Letztlich muss jeder seine eigenen Vorlieben finden: Manche meinen zum Beispiel, wer Produkte aus Rohmilch konsumiert,

Wie kommt die Haut auf die Milch?

Mancher mag's, mancher nicht, da teilen sich die Meinungen. Wenn Milch über 70 °C erhitzt wird, bildet sich darauf beim Abkühlen Haut.
Aber wie kommt's? Ganz einfach: Beim Erhitzen gerinnt ein Teil des Eiweißes in der Milch und sammelt sich, da es leichter ist als der Rest, oben auf der Milch. Dort klebt es beim Abkühlen zu einer dünnen Haut zusammen.

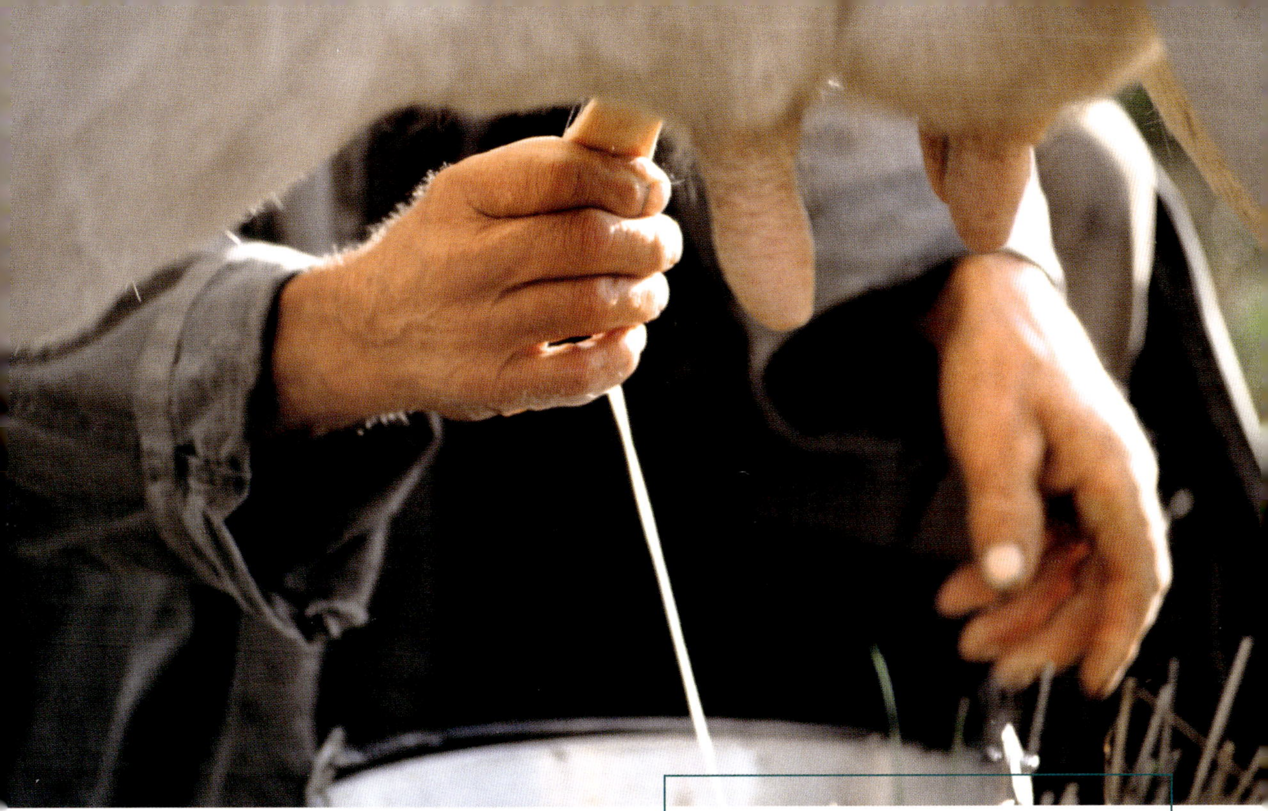

So frisch bekommen Sie Milch nur beim Bauern.

Was heißt denn eigentlich ...

... pasteurisieren?
Für 15–30 Sek. wird die Milch auf 72–75 °C erwärmt, um die Keimzahl zu reduzieren. Sie wird dadurch haltbarer, aber Geschmack und Vitamingehalt müssen etwas leiden.

... ultrahocherhitzen?
Beim Ultrahocherhitzen wird die Milch für 2–8 Sek. auf mindestens 135–150 °C erhitzt. Sie ist in dieser Form in der Verpackung bei Zimmertemperatur mindestens zwei Monate haltbar. Leider geht bei diesem Verfahren aber ein großer Teil der Vitamine und eine Menge Geschmack verloren.

... homogenisieren?
Bei Milch, die nicht homogenisiert ist, trennt sich der fette Rahm nach einiger Zeit vom Wasser und schwimmt obenauf. Durch die Homogenisierung werden die größeren Fetttröpfchen so stark verkleinert, bis sich nicht mehr zusammenschließen können und gleichmäßig verteilt in der Milch schwimmen.

stünde immer mit einem Bein im Sarg, die anderen sagen, nur mit Rohmilch schmecken die Milchprodukte, wie sie sollen. Hier sind einige Entscheidungshilfen.

Milchsorten im Allgemeinen

Generell gilt: Wenn Sie **Rohmilch** verwenden, müssen Sie besonders hygienisch arbeiten, aber das wird belohnt: Die Produkte schmecken dafür einzigartig echt. Optimalerweise ist sie zwischen 12 und 36 Stunden alt und eine Mischung aus Morgen- und Abendmilch. Praktische Hinweise zur Verarbeitung der Rohmilch finden Sie in der Tabelle auf Seite 13.

Pasteurisierte Milch ist am besten für Milch- und Milchprodukte geeignet, wenn sie nicht homogenisiert ist. Für weniger verfälschten Geschmack ziehen Sie die „echte Frischmilch" der „länger haltbaren Frischmilch" vor.

Wenn Sie **homogenisierte Milch** verwenden, kann Käse schneller ranzig werden. Die Molke trennt sich zudem schlechter vom Bruch ab, daher ist sie besser nur für Frisch- oder Weichkäse geeignet.

H-Milch können Sie ebenfalls verarbeiten, sogar zu Käse – das Ergebnis ist ein leicht veränderter Geschmack, der manchmal an frisch gekochte Milch erinnert.

Wenn Sie es genauer wissen wollen, finden Sie in der nebenstehenden Tabelle die Fakten, Pro und Kontra für die verschiedenen Milchsorten.

Fazit

Alle im Handel angebotenen Milchsorten sind geeignet, um daraus Milchprodukte herzustellen. Jeder muss für sich Risiko, Praktikabilität und Genuss gegeneinander abwägen und entscheiden, mit welcher Milch die eigenen Milchprodukte und Käse gemacht werden sollen. Ganz nebenbei: Nach eigener Erfahrung ist der reichliche Verzehr von selbst gemachtem Rohmilchkäse keineswegs lebensgefährlich, sondern purer Genuss!

Wer sich trotzdem an Rohmilchprodukte nicht so recht herantraut und absolut auf Nummer sicher gehen will, kann jedoch auch daheim auf dem Herd die frische und nicht homogenisierte Rohmilch selbst erhitzen. Damit haben Sie den Grad und die Dauer der Wärmebehandlung selbst in der Hand.

Zum Herstellen von Schnitt- und Hartkäsesorten sollten Sie jedoch auf jeden Fall nicht homogenisierte Milch verwenden.

Milchsorten unter der Lupe

Milchsorte	Eigenschaften	zu beachten
Rohmilch darf in Deutschland nur vom Hof des Erzeugers verkauft werden und wird daher als auch als „Rohmilch ab Hof“ bezeichnet	unbehandelt und unverpackt 3,5–5,0 % Fettgehalt arttypischer Milchgeschmack nach Aussagen der Gourmets die beste von allen – der Rolls Royce sozusagen unter den Milchsorten	Geschmack: sehr gut, aber bitte beachten, dass Silagefütterung zu einer Fehlgärung in Schnitt- und Hartkäse führt Gesundheit: enthält alle Vitamine, birgt allerdings auch Gesundheitsrisiken insbesondere für Schwangere, Kleinkinder und Menschen mit geschwächtem Immunsystem. Sie sollten Rohmilch (und deren Produkte) wegen der Gefahr der Listerieninfektion grundsätzlich meiden beziehungsweise erst erhitzen Verarbeitung: zügig und besonders hygienisch Preis: günstig
Vorzugsmilch (Rohmilch) wird als Milch mit zugesicherten Eigenschaften bezeichnet: amtliche monatliche Überprüfung von Tieren und Tierhaltung sowie Futtergabe hohe Ansprüche an Behandlung, Verpackung, Transport, Personal	3,5–4,0 % Fettgehalt wie Rohmilch, aber verpackt im Handel erhältlich darf nur in speziell zertifizierten, landwirtschaftlichen Betrieben produziert werden ursprüngliche biologische Struktur und mit natürlichem Gehalt an Fett, Vitaminen und Nährstoffen	Geschmack: ähnlich der Rohmilch Verarbeitung: sollte spätestes 96 Stunden nach der Gewinnung verarbeitet werden Gesundheit: Vitamingehalt und Risiko ähnlich wie bei Rohmilch, durch strengere Kontrollen aber etwas sicherer Preis: sehr teuer
Frischmilch = Pasteurisierte Milch	meist 3,5 % Fett (entweder natürlich oder speziell eingestellt) schonend wärmebehandelt, standardisiert verpackt und gelagert generell geringe Verkeimung verringerter Vitamin- und Nährstoffgehalt aufgrund der Wärmebehandlung Eiweiße werden durch die Wärmebehandlung zerstört, was zu einer Labträgheit führt, das heißt, Gerinnung und Dickung ist stark verzögert, erschwert oder gelingt nur unter Zumischung von Kalziumchlorid.	Geschmack: weniger Intensiv als Rohmilch, in homogenisierter Form geschmacklich weniger günstig Verarbeitung: unkompliziert, für sichere Labwirkung Kalziumchlorid zugeben Gesundheit: weniger Vitamine als rohe Milch, unbedenkliche Bakterienzahl Preis: zwischen H- und Rohmilch
Länger Haltbare Frischmilch = ESL-Milch („extended shelf life“, also länger haltbare Milch)	wurde mit höheren Temperaturen behandelt als Frischmilch noch geringere Verkeimung Eiweiße wie bei Frischmilch beeinträchtigt	Geschmack: weniger intensiv als Frischmilch Verarbeitung: unkompliziert, für sichere Labwirkung Kalziumchlorid zugeben Gesundheit: weniger Vitamine als Frischmilch, kein Gesundheitsrisiko Preis: zwischen H- und Frischmilch
H-Milch	meist als Vollmilch (3,5 % Fett), fettarme Milch (1,5–1,8 % Fett) oder Magermilch (0,5 % Fett) erhältlich wurde ultrahocherhitzt und homogenisiert, dabei sind Eiweiße und Vitamingehalt beeinträchtigt worden	Geschmack: verändert, Milchprodukte erinnern an gekochte Milch Verarbeitung: muss angeimpft werden, für sichere Labwirkung Kaziumchlorid zugeben, Käse kann leichter ranzig werden, für Schnitt- und Hartkäse weniger gut geeignet Gesundheit: Vitamingehalt am niedrigsten, Bakterienzahl unbedenklich Preis: günstig

Milch als Nahrung

Milch ist Vollnahrung. Ein Liter Milch täglich genügt für einen Erwachsen, um den Tagesbedarf an Proteinen zu decken.

Kuhmilch besteht zu 87 % aus Wasser, 13 % Trockenmasse beziehungsweise 9 % fettfreier Trockenmasse.
Ernährungsphysiologisch sind folgende Bestandteile der Milch besonders wertvoll:
Eiweiß: essentielle Aminosäuren, die vom menschlichen Körper gebraucht werden
Milchfett
Vitamine und Lecithine: wichtige Aufbaustoffe für Darmflora, Nerven und Gehirn
Milchzucker (Laktose): liefert Energie und begünstigt die Aufnahme von Kalzium
Mineralstoffe: vor allem für Knochen und Zähne

Auf Nummer sicher

bei wärmebehandelter Milch ...
Kalziumchlorid wird auch „Käsereisalz“ genannt. Es wird beim Verkäsen von wärmebehandelter Milch in die Milch gegeben, um deren Labträgheit entgegenzuwirken, das heißt, die verzögerte und erschwerte Gerinnungs- und Dickungszeit der wärmebehandelten Milch wird wieder aufgehoben. Oft gelingt die Dicklegung so oder so, doch wer sicher gehen will, geht folgendermaßen vor: 1–2 g (etwa eine Messerspitze) Kalziumchlorid in 10 Liter noch kalte Milch einrühren.

... und bei Milch aus Silofütterung
Für die Käsezubereitung ist Rohmilch aus Silofütterung ungeeignet und kann deshalb nur eingeschränkt verarbeitet werden. Sie beinhaltet nämlich ein Buttersäurebakterium, das bei der Reifung zu viel Gas bildet. Was passiert? Versierte Käser sprechen dann von Fehlgärungen, die zu negativen Geschmacksveränderungen führen und den Käse aufblähen.
Diesen Effekt können Sie verhindern, indem Sie der Milch **Lysozym** beigeben, das allerdings in Bio-Produkten nicht mehr erlaubt ist. Es wird aus Hühnereiweiß gewonnen und gehört zu den leicht Allergien auslösenden Stoffen. Lysozym jedoch verhindert das Wachstum von ungewollten Mikroorganismen in der Milch. Solcherlei Fehlgärungen treten in der Regel nur bei der Herstellung von Hart- und Schnittkäsesorten auf.

Es geht nichts über ein gutes Käsebrot!
Leider verträgt es nicht jeder.

Milchprodukte und Laktose-Intoleranz

Der Begriff Laktose-Intoleranz meint eine Milchzuckerunverträglichkeit. Dabei wird der mit der Nahrung aufgenommene Milchzucker – die Laktose – nicht verdaut. Die Ursache dafür ist eine verminderte Produktion oder das gänzliche Fehlen des Verdauungsenzyms Laktase bei Erwachsenen, das bei Säuglingen sehr aktiv ist.

Das bedeutet, dass ungespaltener Milchzucker bis in den Dickdarm vordringen kann, wo er von Darmbakterien aufgenommen und vergoren wird. Als Gärungsprodukte entstehen Milchsäure und Gase, die beispielweise zu Blähungen und Durchfall führen.

In den gängigen Milchsorten unterscheidet sich der Laktosegehalt nur marginal: Kuhmilch enthält rund 4,8 %, Schafsmilch 4,2–5 % und Ziegenmilch etwa 4,4 %. Für Betroffene galt lange Zeit als gängiger Ausweg, auf Schafsmilch zurückzugreifen, doch die Zahlen widerlegen dies. Stutenmilch oder Eselsmilch beinhalten wesentlich mehr Laktose.

Aber: Milchprodukte, bei denen die Milchsäurebakterien den Milchzucker bereits zu Milchsäure vergoren haben, können meist problemlos verspeist werden. Hart-, Schnitt- und Weichkäse sind übrigens so gut wie laktosefrei und enthalten davon nur noch weniger als 0,1 %. Joghurt und Quark enthalten noch 2–3 % Milchzucker.

Glutenfreie Milchprodukte?

Naturbelassene Milchprodukte sind immer glutenfrei. Joghurt-, Fruchtjoghurt- oder Frischkäsezubereitungen können jedoch glutenhaltige Bindemittel enthalten. Joghurt mit Müsli ist in der Regel ebenfalls glutenhaltig. Genauso können Käse- und Schmelzkäsezubereitungen Stärke und somit Gluten enthalten.
Für Menschen, die sich glutenfrei ernähren müssen, ist also das Selbermachen eine sichere Variante. Einzige Ausnahme: Für manche Schimmelkäsesorten wie Roquefort, Gorgonzola oder Blauschimmelkäse wird der Schimmelpilz auf Brot gezüchtet. So könnten durch die Pilze Gluten in den Käse gelangen.

Milchprodukte und Milcheiweißunverträglichkeit

Nicht zu verwechseln ist die Milchzuckerunverträglichkeit mit einer Milcheiweißunverträglichkeit. Sie kommt bei etwa 2–3 % aller Kinder unter zwei Jahren vor und zeigt sich häufig bereits im Verlauf des ersten Lebensjahres. Das hat damit zu tun, dass hierzulande Kuhmilch das erste Fremdeiweiß ist, das einem Säugling zugefüttert wird.

In vielen Fällen (mittlerweile mehr als 50 %) erwächst daraus eine Kuhmilchallergie. Die Symptome dafür sind sehr unterschiedlich und reichen von Hautausschlägen bis zu Erbrechen, Husten und Durchfall. Im schlimmsten Fall kann es zu einem anaphylaktischen Schock kommen, der umgehend notfallmedizinisch behandelt werden muss. Bei einer Kuhmilcheiweiß-Allergie wiederum wird tatsächlich Schafs- oder Ziegenmilch besser vertragen.

Die ganz persönliche Handschrift genügt für eine gute Dokumentation.

Tipps für den Erfolg

Milchprodukte herstellen ist recht einfach – vorausgesetzt, Sie beachten dabei einige Regeln und arbeiten sorgfältig. Das A und O ist die Hygiene, damit sich nicht die falschen Keime vermehren.

Für gutes Gelingen

Allen Milchsorten sollte die gleiche Behandlung zukommen:
> gut verpackt kühlen
> nach dem Öffnen der Packung, Kanne oder Flasche den Inhalt rasch verbrauchen
> vor Wärme schützen, damit sich nicht ungewollt Bakterien vermehren
> nicht unnötig lange dem Tageslicht aussetzen, denn die Vitamine sind lichtempfindlich
> niemals mit stark riechenden Speisen zusammenstellen, da Milch sehr schnell fremde Gerüche annimmt

Fünf Grundsätze

1. Hygiene
2. Genauigkeit
3. Geduld
4. Ausdauer
5. Noch mehr Geduld

Generell gilt für die Milch- und Käseküche:
- stets sehr sauber arbeiten
- Arbeitswerkzeuge vor und nach Gebrauch mit kochendem Wasser entkeimen
- auf Haltbarkeitsdaten achten
- Temperaturen einhalten
- Dokumentation nicht vergessen

Für die Käseküche ist darüber hinaus zu beachten:
- Stoffe nach Gebrauch bei 90 °C waschen und später heiß bügeln
- auf die Haltbarkeitsdaten der Kulturen achten und nicht überschreiten
- Lab und Kulturen genau dosieren und nach Vorgabe auflösen
- Messerprobe bei der Dicklegung der Milch machen
- Zugluft meiden
- stets bei Zimmertemperatur pressen
- Schnitt- und Hartkäse während der Reifezeit täglich wenden
- Wasser in der Reifebox einmal wöchentlich wechseln

Ob Aberglaube oder Erfahrung ...

... viele Milchbauern sagen, die beste Temperatur für die Milch- und Käseverarbeitung liegt zwischen 16 und 17 °C. Zudem teilen sie sich die Tage nach dem Mondkalender in Tierkreiszeichen ein. Tage in den Sternzeichen Zwilling, Waage oder Wassermann nennen manche Milchbauern Lichttage und behaupten, das seien die besten Tage für die Milch- und Käseküche. Wärmetage (Widder, Löwe und Schütze) seien hingegen für die Schnittkäseherstellung ideal.

Ein Wort zur Dokumentation

Hier gibt es eigentlich nur eines zu sagen: immer alles exakt aufschreiben!

Egal, ob der Joghurt oder Käse wunderbar gelungen ist oder verworfen werden muss, die Dokumentation der einzelnen Schritte zur Verarbeitung der Milch ist wichtig für alle weiteren Erfolge. Ist ein Milchprodukt oder Käse gut gelungen, hat man es schwarz auf weiß irgendwo stehen, wie das Produkt zustande kam und kann das Rezept ohne große Mühe einfach wiederholen. Aus eventuellen Misserfolgen kann man seine Schlüsse ziehen und beim nächsten Mal auf die begangenen Fehler achten!

Eine kleine Kladde, am besten mit Spaltenaufteilung, sowie ein Bleistift, immer griffbereit – das genügt. Machen Sie sich bereits während des Vorgangs Notizen. Will man später alles in Ruhe eintragen, geht manches durcheinander oder gar verloren: Bei einer größeren Aktion mit vier Töpfen auf dem Herd und zehn Litern Milch, die zu Verschiedenem verarbeitet werden wollen, wird mit großer Sicherheit einiges vermischt. Im Topf vorne links waren es 36 °C oder doch 39 °C? Hinten rechts, war das der Topf mit dem Joghurt als Starter oder war da die Mischkultur drin? Und hinten links war der mit dem bei 55 °C gewaschene Bruch oder war das doch der vorne rechts?

Ihre Rezepte können Sie nach einer bestimmten Terminologie ordnen, so sind sie schnell auffindbar. Am besten, Sie folgen der Einteilung in diesem Buch von Dickmilchsorten bis zum Lakenkäse.

Was die **Milchverarbeitung** betrifft, sollten Sie diese Aspekte immer aufschreiben:
> Milchart, Milchherkunft, Milchmenge
> Verarbeitungstemperatur
> verwendete Starter und weitere Kulturen: Namen, Mengen
> verwendete Zusätze wie beispielsweise Gewürze

Das sollten Sie zusätzlich in der **Käseküche** festhalten:
> Abtropfzeit
> Presszeit
> Salzbehandlung: Salzeinreibungen, Lakensalzgehalt, -zeit
> Umgebungstemperatur, eventuell die Jahreszeit
> Reifebeginn und -dauer

Milchküche

Von der Milch zu verschiedenen Sorten Dickmilch, frischem Joghurt, exotischen Leckereien wie Kefir, Ayran und Lassi und skandinavischen Spezialitäten. All das ist recht schnell und einfach hergestellt. Viel Spaß beim Ausprobieren!

Wenn die Milch dick wird

Ohne Weiteres hat früher jeder Haushalt aus frischer Milch die eigene Dickmilch hergestellt. Auch heute ist die Herstellung von der Dickmilch bis zum Lassi simpel – Sie müssen nur die Tricks kennen!

Der Prozess ist einfach: Sind genügend Milchsäurebakterien in der Milch, wird sie bei Zimmertemperatur nach etwa zehn Stunden langsam dick. Dabei wird der Milchzucker (Laktose) in Milchsäure umgewandelt, die dann die Ausflockung des Milcheiweißes (Kasein) bewirkt und die Milch „dick" werden lässt.

In Rohmilchsorten sind heutzutage – bedingt durch die hohen Hygienestandards – sowohl die „schlechten" als auch die „guten" Bakterien stark reduziert. Also müssen Sie mit Milchsäurebakterien nachhelfen, damit die Dicklegung klappt. Wie auch wärmebehandelte Milch müssen Sie sie entsprechend beimpfen: mit einem Brotkrumen aus Sauerteig, einem Klacks des gewünschten Milchprodukts oder gefriergetrockneten Kulturen (Seite 58 und 59), die Sie übers Internet beziehen können.

Je nach Milchsorte, Fettgehalt, Art der Bakterien, Temperatur, Dicklegungszeit und Zusätzen können Sie die verschiedenen Milchprodukte machen – von Dickmilch bis Lassi.

Schwedische Taette und Langmilch

Taette, die Vorstufe, und Langmilch selbst sind typischerweise etwas schleimig und sehr lange haltbar. Sie entstehen traditionellerweise durch die Zugabe von Blättern, und zwar von fleischfressenden Pflanzen: Fettkraut (*Pinguicula*) und Sonnentau (*Drosera*). Sie verdauen ihre Beute mithilfe von Mikroben, die eben auch Milch dick werden lässt. Die Pflanzen sind leider selten geworden und daher geschützt, weshalb die schwedische Langmilch heute aus bestimmten Kulturen hergestellt wird.

Dickmilch

Dickmilch hat viele Namen: Sie wird auch Sauermilch, geronnene oder gestandene Milch, Setzmilch, Schwedenmilch oder Stockmilch genannt. Entscheidend ist aber nicht der Name, sondern der einzigartig frische Geschmack, ob pur, als Salatsoße, zu Pellkartoffeln oder Früchten.

Dickmilch wie früher

1 l Rohmilch
oder pasteurisierte Milch mit einem fingernagelgroßen Krumen eines stark gesäuerten Brotes

- Milch auf maximal 30 °C erwärmen, (mit dem Brotkrumen) in eine Schale füllen und an einem gut warmen Ort, eventuell sogar auf der Heizung, 1–2 Tage stehen lassen
- wenn die Dickmilch ausreichend fest ist, den Brotkrumen wieder herausfischen
- die zart säuerliche Dickmilch baldmöglichst verzehren

Dickmilch mit Starter

1 l wärmebehandelte Milch
2 EL fertige Dickmilch

- Milch auf gut 25 °C erwärmen
- Dickmilch einrühren
- Milch in sauberes Gefäß abfüllen und verschließen
- bei ca. 22 °C 24 Std. stehen lassen

» **Mein Tipp:** Wer mit der Temperatur auf Nummer sicher gehen will, geht folgendermaßen vor: Rohmilch auf etwa 25–30 °C erwärmen, anschließend in eine eigens für diesen Gebrauch benutzte Thermoskanne einfüllen, dann zuschrauben. Einen Tag lang bei Raumtemperatur stehen lassen. Das gleiche Prinzip funktioniert übrigens auch bei Rahm. Dabei entsteht logischerweise Sauerrahm.

Was einmal gute Dickmilch werden will, benötigt Ruhe, Zeit und Wärme!

Nicht vergessen

Wegen der guten Vitamine in der Milch sollte sie immer lichtgeschützt stehen.

Gekochte Dickmilch

1 l Milch
1 Msp. Flora Danica Kultur

> Milch aufkochen
> Schnell auf Zimmertemperatur herabkühlen (Wasserbad)
> Kultur einrühren
> Milch in sauberes Gefäß abfüllen und verschließen
> bei Zimmertemperatur oder auf einem handwarmen Heizkörper 16–20 Std. stehen lassen

Vorteil der gekochten Dickmilch ist, dass sie länger hält. Mit der Kultur Flora Danica ist die Dickmilch recht schnell fertig und sie wird besonders fest und mild.

Dickmilch mit Säurewecker

1 l wärmebehandelte Milch
1 Msp. Lactoferm oder Mikromilk Kultur

> Milch auf 20–24 °C erwärmen
> Kultur in die Milch einrühren
> Milch in saubere Gläser abfüllen und mit Deckel verschließen
> bei ca. 20–22 °C 24 Std. stehen lassen

Diese Dickmilch wird recht fest und ist intensiv im Geschmack.

Joghurt

Joghurt heißt eigentlich einfach nur „schnittfeste Milch". Joghurt kann stichfest, weich oder flüssig gemacht werden – die Übergänge sind fließend. Zudem können Sie Ihren eigenen Joghurt mit verschiedenen Geschmacksvariationen ausstatten.

Ob auf africaans, chinesisch, isländisch, polnisch oder walisisch – Joghurt heißt nahezu überall auf der Welt gleich – nämlich *Joghurt* (oder fast genauso). Auch die Rezepturen ähneln einander weltweit – das Geheimnis liegt überall in der richtigen Mischung aus Wärme, Säure und dem genauen Vorgehen in der Herstellung.

Natürlich spielt auch die Ausgangskultur eine wichtige Rolle. Informationen über die hier verwendeten gefriergetrockneten Kulturen finden Sie ab Seite 58.

Joghurt im Joghurtbereiter

Ein Joghurtbereiter hat viele Vorteile: Der Arbeitsaufwand ist sehr gering, er ist leicht zu handhaben und auch die Verarbeitung von Schaf- und Ziegenmilch gelingt problemlos. Es gibt sie elektrisch oder als Wärmer mit gutem Isoliermaterial, die keinen Strom verbrauchen.

Wer die Anschaffungskosten nicht aufwenden will oder keinen Platz in der Küche für ein zusätzliches Gerät hat, kann aber auch auf Alternativen zurückgreifen.

Joghurt aus dem Schlafzimmer oder Backofen?

Ganz einfach können Sie Joghurt auch auf andere Weise einzeln oder in Kombination warm halten. Je nach Variante liegt die Säuerungszeit zwischen 12 und 24 Stunden.

Sie können die befüllten und verschlossenen Gläser

> in ein dickes Handtuch wickeln
> eine Wärmflasche mit heißem Wasser füllen und auf die Gläser legen und
> entweder auf die Heizung stellen
> oder ins Bett unter die Decke packen
> oder in den Backofen stellen, der auf niedrigste Stufe gestellt ist (hier beträgt die Säuerungszeit nur etwa 8–10 Stunden)
> oder in der Mikrowelle deponieren (nicht anstellen!)

Naturjoghurt

1 l Vollmilch
100 g Naturjoghurt

> Milch auf 35–40 °C erwärmen
> Naturjoghurt mit dem Schneebesen einrühren
> Milch auf sechs Schraubdeckelgläser verteilen und gut zudrehen
> je nach Methode weiterverfahren

Stichfester Joghurt

1 l Milch
2 EL Magermilchpulver
1 Msp. LaBiDa Kultur

> Milch auf 35 °C erwärmen
> LaBiDa und Milchpulver einrühren
> 14–20 Std. einfach bei molliger Zimmertemperatur stehen lassen (oder andere Methode zum Warmhalten wählen)

Naturjoghurt als Medizin

Generell haben Milchprodukte eine positive Wirkung auf den Organismus, Joghurt insbesondere hilft bei
Sodbrennen: 2–4 EL Naturjoghurt lindern das Problem.
Darmprobleme: Joghurtkur mit täglich 150 g Naturjoghurt zum Frühstück.
Magenschmerzen: Joghurt hilft durch die Schleim bildende Wirkung, den Magen zu beruhigen.
Sonnenbrand: Auf die betroffenen Stellen gut gekühlten, ganz saueren und frischen Naturjoghurt auftragen, das nimmt das Brennen und pflegt die Haut.
Abwehrschwächen: Anfällig für Pilze aller Art?
Täglich eine Portion Joghurt essen soll Wunder wirken. Im vaginalen Bereich können auch mit Joghurt bestrichene Tampons helfen.
Osteoporose: Das in Joghurt enthaltene Kalzium ist eine gute Prophylaxe.

Lecker und unkompliziert: frischer Joghurt aus dem Joghurtbereiter.

Haltbarer Schnelljoghurt

1 l Rohmilch
120 g stichfester Joghurt
2 EL Magermilchpulver

> Milch auf 85 °C erhitzen
> 10 Min. Hitze halten
> auf etwa 38–40 °C abkühlen lassen
> Joghurt und Pulver einrühren
> Milch auf Schraubdeckelgläser verteilen
> Gläser schließen und für 3 Std. im Backofen bei ungefähr 40 °C warm stellen

Rahmjoghurt

750 ml wärmebehandelte Vollmilch
¼ l Rahm
1 Msp. gefriergetrocknete Joghurtkultur oder 4 EL Naturjoghurt

> Milch und Rahm mischen und auf 40 °C erwärmen
> Kultur (oder Joghurt) mit dem Schneebesen einrühren
> alles gleichmäßig auf Gläser verteilen, schließen und für 10–12 Std. in den Joghurtbereiter stellen (oder andere Methode zum Warmhalten wählen)

Rohmilch-Rahmjoghurt

½ l Rohmilch
½ l Rahm
100 g Naturjoghurt

> Milch und Rahm mischen und einmal aufkochen lassen
> auf ca. 35 °C abkühlen lassen
> Naturjoghurt einrühren
> Milch auf Schraubdeckelgläser verteilen
> Gläser schließen und für 10–12 Std. im Joghurtbereiter warm stellen (oder andere Methode zum Warmhalten wählen)

Das Bett als „Kochstätte“

Nicht nur zum Joghurt- oder Käsewarmhalten eignet sich das Bett, auch Milchreis als Milchprodukt im weiteren Sinne kann man darin produzieren: Einfach 1 l Milch und 250 g Milchreis mit 2 EL Zucker, einer Stange Zimt und einer halben Zitrone aufkochen. Dann den Topf auf einer feuerfesten Unterlage ins Bett stellen, Decke drüber, 45 Min. stehen lassen – fertig.

Schafsmilchjoghurt

1 l Schafsmilch
1 Msp. Joghurtkultur (z. B. YO-mix) oder 4 EL Naturjoghurt aus Schafsmilch

> Schafsmilch auf 45 °C erwärmen
> Kultur einrühren
> 3–4 Std. Temperatur halten
> Masse in Gläser füllen und bei molliger Zimmertemperatur 12 Std. stehen lassen (oder andere Methode zum Warmhalten wählen)

Fruchtjoghurt

Zu einem beliebigen Joghurtrezept auf 1 l Milch:
2 EL Zucker
6 EL Fruchtmus

> Zucker mit der Kultur in die Milch einrühren
> Fruchtmus und beimpfte Milch auf die Gläser verteilen
> im Joghurtbereiter 10–12 Std. warm halten (oder andere Methode zum Warmhalten wählen)

Geschmack in den Joghurt

Für süße Joghurtsorten:
> Zucker
> Vanille
> Zimt
> Anis
> Trockenfrüchte
> Beeren und Früchte aller Art

Für pikante Joghurtsorten:
> Kräutersalz
> Pfeffer
> Paprika
> Schabzigerklee
> frische Kräuter aller Art
> Wildkräuter

Trinkjoghurt

½ l Rohmilch
½ l abgekochtes Wasser
1 Msp. gefriergetrocknete Joghurtkultur oder
100 g Naturjoghurt

> Milch und Wasser mischen, auf 95 °C erhitzen
> 10 Min. Hitze halten
> auf ungefähr 30–35 °C abkühlen lassen
> Kultur oder Naturjoghurt einrühren
> Milchmischung in Fläschchen abfüllen
> Flaschen gut verschließen und 6 Std. bei mindestens 30–35 °C warm halten

Trinkrahmjoghurt

400 ml Rohmilch
400 ml abgekochtes Wasser
150 g Rahm
4 EL Naturjoghurt
1 EL Zucker

> Milch, Rahm und Wasser mischen, auf 95 °C erhitzen
> 10 Min. Hitze halten
> auf ca. 30–35 °C abkühlen
> Joghurt und Zucker einrühren
> Milchmischung in Fläschchen abfüllen
> Flaschen gut verschließen und 6 Std. bei mindestens 30–35 °C warm halten

Joghurt nach Ymer-Art

1 l Magermilch
100 g Joghurt
20 g Rahm

> Milch und Joghurt mischen, dann etwa 2 Tage bei Zimmertemperatur stehen lassen
> unter Rühren auf ungefähr 40 °C erwärmen
> abkühlen lassen
> Bruch in ein mit Küchentuch oder Käseleinen ausgelegtes Sieb schöpfen
> 1 Std. austropfen lassen
> Rahm untermischen

» **Mein Tipp:** Sie können den Rahm vor dem Untermischen aufschlagen.

Frischer Joghurt nach Ymer-Art gefällig?
Ein kulinarisches Gedicht aus Skandinavien

Ymer und Viili ...

... stammen aus Skandinavien und sind sich recht ähnlich. Nach dem Abtropfen werden sie stark gerührt, was ihnen die spezielle cremige Struktur verleiht.

Joghurt nach Viili-Art

1 l Milch
150 g Dickmilch

> Milch auf 30 °C erwärmen
> Dickmilch einrühren
> etwa 24 Std. warm stehen lassen
> Molke abgießen
> mit dem Schneebesen aufschlagen

» **Mein Tipp:** Mischt man noch Rahm unter, heißt diese Art Kermaviili (Kerma = Sahne) und kann wie Crème fraîche verwendet werden.

Kefir, Ayran und Lassi

Die einen werden durch sie an ihren letzten Urlaub erinnert, bei den anderen gehören sie längst in ihren mitteleuropäischen Alltag, weil sie so lecker sind. Lassen Sie sich die Multikulti-Getränke schmecken!

Kefir mit der Knolle

1 Kefirknolle
500 ml Milch

- Kefirknolle in ein Schraubdeckelglas legen
- mit Milch (alle Sorten außer H-Milch sind möglich) übergießen
- Gefäß verschließen und 24 Std. bei Zimmertemperatur stehen lassen
- fertigen Kefir durch ein Sieb abgießen und kühl stellen (Haltbarkeit 24 Std.)
- den im Sieb zurückgebliebenen Kefirpilz mit kaltem Wasser gut durchspülen

» **Mein Tipp:** Den Kefirpilz können Sie mit Milch bedeckt, bis zur nächsten Kefirherstellung aufbewahren. Wichtig dabei: Täglich die Milch wechseln, da sich der Kefirpilz sonst zersetzt. Man kann ihn sogar einfrieren und einfach vor der nächsten „Behandlung“ wieder vollständig auftauen.

Kefir ...

... ist ein eher dickflüssiges, kohlensäure- und leicht alkoholhaltiges Getränk aus Kuh- oder Schafsmilch, das ursprünglich aus dem Nordkaukasus und Tibet stammt. Es entsteht durch Gärung, indem man Milch mit dem sogenannten Kefirpilz impft.
Diese Knollen werden einige Zentimeter dick, haben eine gummiartige Konsistenz und bestehen aus Bakterien und Hefen, Eiweißen, Fetten und Zuckern. Sie vergrößern sich bei Zimmertemperatur innerhalb von zwei Wochen um das Doppelte und zerfallen dann wieder teilweise in kleinere Knollen.

Kefir à la Hobbythek

1 l Milch
1 Msp. KeFiDa-Kultur

> KeFiDa in die Milch einrühren
> bei Zimmertemperatur 12 Std. stehen lassen

Rahm-Kefir

800 ml Milch
200 g Rahm
1 Msp. Kefir Kultur

> Milch und Rahm mischen, auf 85 °C erhitzen
> auf 22 °C herabkühlen
> Kultur einrühren
> bei etwa 20–22 °C 24 Std. stehen lassen

Ayran

200 g Naturjoghurt (Vollfettstufe)
100 ml Wasser
½ TL Salz
½ TL Zitronensaft
Minzeblätter nach Belieben

> Joghurt, Salz, Zitronensaft und Wasser schaumig rühren
> Minzeblätter klein schneiden und unter die Joghurtmilch mischen

Indisches Fruchtlassi

1 l Milch
500 g Joghurt
2 EL Sauerrahm
2–4 EL Zucker
100 ml Orangensaft
500 g pürierte Früchte wie Mango, Beeren oder Pfirsich

> Joghurt und Sauerrahm mischen und unter die Milch geben
> Zucker, Orangensaft und pürierte Früchte zugeben und gut einrühren
> Masse auf hohe Gläser verteilen und eiskalt servieren

Ayran ...

... kommt aus dem Kaukasus und Anatolien und ist ein erfrischendes Getränk auf Joghurtbasis. Traditionell wird Ayran als Willkommenstrunk gereicht.

Lassi ...

... ist ein indisches Joghurtgetränk und Ayran recht ähnlich. Oft wird es als süße Variante getrunken.

Rahmküche

Egal, wie man den sämigen Ausgangsstoff nennt – Sahne, Rahm oder Schlagobers – das Ergebnis wird immer schön cremig. Was genau entstehen kann, wie das in Ihrer Küche einfach umsetzbar ist und wie Sie dabei obendrein noch Ihre Kondition trainieren können, erfahren Sie in diesem Kapitel.

Feines aus dem Rahm

In Deutschland unterscheidet man schlicht und einfach süße, ungesäuerte Sahne (Rahm) von saurer, also gesäuerter Sahne, woraus sich wiederum viele verschiedene Produkte ableiten: Crème fraîche zum Beispiel, Butter oder Mascarpone. All das können Sie hier in verschiedenen Varianten ausprobieren.

Rohstoff Rahm

Rahm – damit ist süße Sahne gemeint oder in Österreich Schlagobers – ist der fetthaltige Teil der Milch, der sich beim Stehenlassen von Rohmilch oben auf der Milch absetzt. Das funktioniert natürlich nur, wenn die Milch nicht homogenisiert wird, weil dadurch ja die Bildung von Fettklümpchen in der Milch verhindert wird. Industriell hergestellter Rahm wird nicht durch „Aufrahmen", sondern durch Zentrifugieren gewonnen.

Was genau ist dann Sauerrahm (Saure Sahne)? Das ist Rahm, dem Milchsäurebakterien zugesetzt wurden. Dadurch bekommt er einen leicht säuerlichen Geschmack und eine festere oder leicht cremige Konsistenz. Je nach zugesetzten Bakterien können, genau wie bei Sauermilchprodukten, Geschmacksnuancen entstehen.

Naturprodukt oder Sahneersatz?

Im Handel sind fettreduzierte Sahneersatzprodukte erhältlich, die aus Pflanzenfetten, Milch und diversen Zusatzstoffen zusammengesetzt sind. Diese Rahmimitate enthalten jedoch nicht nur viele unnötige Zusatzstoffe wie Emulgatoren, Stabilisatoren, modifizierte Stärke und verschiedene Aromen, sondern auch sehr viele gesättigte Fettsäuren. Wer Fett, Chemie und obendrein Geld sparen will, kann statt dieser Sahneersatzprodukte einfach Schmand nehmen. Statt süßer Sahne passt manchmal übrigens auch Milch, ansonsten gilt für Sparfüchse: wenig Sahne, aber dafür mit Genuss!

Butter und Ähnliches

Was beim Sahneschlagen manchmal versehentlich passiert, können Sie auch ganz gezielt herbeiführen und Ihre eigene Butter herstellen – frisch und genau nach Ihrem Geschmack. Ganz nebenbei entsteht nährstoffreiche Buttermilch, mit weiteren Kniffen Butterschmalz.

Um ein Kilo Butter zu produzieren, müssen 20–25 Liter frische, nicht homogenisierte Milch verarbeitet werden. Man schöpft den Rahm davon ab, von dem durch mechanisches Schlagen, Stoßen oder Rühren das enthaltene Fett, das Butterkorn, von der **Buttermilch** getrennt wird. Die Buttermilch wird abgegossen, die Butter gespült, gestampft und eingeformt.

Man unterscheidet die mild-sahnige **Süßrahmbutter** und **Sauerrahmbutter**. Erstere ist aus purem Rahm und ohne weitere Säuerungszusätze hergestellt, Letztere aus Sauerrahm, die durch die Säure der Milchsäurebakterien einen frisch-säuerlich Geschmack hat.

Sie können zur Butterherstellung Rohrahm oder pasteurisierten Rahm (hält länger) verwenden. Auch aus Schafssahne lässt sich Butter herstellen. Diese ist heller als Kuhmilchbutter und leicht nussig im Geschmack. Sie ist allerdings weniger lange haltbar und sollte bald aufgebraucht werden.

Butterschmalz wiederum ist nichts anderes als Butter, der durch Erhitzen zusätzlich Wasser, Milchzucker und Eiweiß entzogen wird. Durch den geringen Wassergehalt ist Butterschmalz wesentlich länger haltbar als Butter: Man kann es getrost ungekühlt neun Monate lagern, gekühlt über ein Jahr.

In Indien und Pakistan verwendet man das ähnliche **Ghee**, das je nach Umgebungstemperatur flüssig oder cremig ist. Es wird länger erhitzt als Butterschmalz, ist dadurch im Geschmack nussiger und ebenfalls lange haltbar – im Kühlschrank hält es bis zu einem Jahr. In Äthiopien wird es in gewürzter Form auch verwendet (dort nennt man es **Nitir qibe** oder **Tigrinya**). Es herzustellen, ist ein Freudenfest für alle Sinne – der leicht würzige Duft erfüllt das ganze Haus.

Ob als Getränk oder als Starter für einen Käse – alles möglich bei bei Buttermilch!

Würze in der Butter

Würzen Sie Ihre Butter nicht nur mit Salz oder Kräutern. Die folgenden Anregungen gelten für jeweils 250 g Butter, alle Zutaten müssen gut zerkleinert und mit der weichen Butter vermischt werden.

Kerbel-Pfeffer-Butter: 1 Bund frischer Kerbel, 2 EL Rosa Pfeffer, 1 EL schwarzer Pfefferschrot, 1 EL Sherry, Salz, Cayennepfeffer

Estragon-Butter: je 2 EL Schalotten und frischen Estragon, 2 TL Paprikapulver edelsüß, Saft und Schale von einer ½ unbehandelten Zitrone, Salz und Pfeffer

Maître-d'Hôtel-Butter: 1 EL Petersilie, 2 EL Zitronensaft, Salz und Pfeffer

Basilikum-Butter: 1 Bund Basilikum, 2 EL getrocknete Tomaten, 50 g ohne Fett geröstete Pinienkerne, Salz und Pfeffer

Schnittlauch-Butter: 1 Bund Schnittlauch, je 2 EL Paprika edelsüß und rosenscharf, 1 TL frischer Knoblauch, Salz und Pfeffer

Haushofmeister-Butter: 1 EL Senf, 2 EL glatte Petersilie, ½ TL Zitronensaft, 1 Spritzer Maggiwürze, Salz und Pfeffer

Café-de-Paris-Butter: je 1 TL glatte Petersilie, Majoran, Estragon, Thymian, Dill, Knoblauch, 2 TL Sardellenpaste, 1 Msp. Rosmarinpulver, je 1 TL Dijon-Senf und Curry, 20 ml Weinbrand oder Kognak, Salz, Pfeffer, Paprika rosenscharf

Rucola-Radieschen-Butter: 1 Bund Rucola, 10 Radieschen, Saft und Schale von einer ½ unbehandelten Zitrone, Salz und Cayennepfeffer

Pesto-Butter: je 1 EL Salbei, Thymian, Rosmarin, gemahlene Mandeln und Schalotten, 1 Knoblauchzehe, 2 EL Kognak, 1 TL Zitronensaft, 1 Spritzer Tabasco, Salz und Pfeffer

Butter mit Röstzwiebeln: 50 g Speckwürfel geröstet, 2 EL Röstzwiebeln, 1 TL krause Petersilie, Salz und Pfeffer

Zitronen-Butter: 1 EL scharfer Senf, Saft und Schale von ½ unbehandelten Zitrone, Salz und Pfeffer

Anis-Oliven-Butter: ½ TL Anissamen, 50 g schwarze Oliven, Schale von ½ unbehandelten Zitrone, 4 EL Olivenöl, Salz und Pfeffer

Ingwer-Butter: je 1 EL klein gehackte Zwiebeln und frischen Ingwer, 1 Knoblauchzehe (alles erst in 1 EL Olivenöl andünsten und abkühlen lassen), 1 TL Tomatenmark, je 2 Msp. Schabzigerklee und Cayennepfeffer, je 1 Msp. Curry und Koriander, 1 TL Meersalz

Champagner-Butter: 4 EL Marc de Champagne, 1 EL frischer Zitronensaft, Salz und Pfeffer

Anchovis-Butter: 1 EL Anchovispaste, ½ TL geschroteter Pfeffer, 1 TL Zitronensaft, Salz

Colbert-Butter: 4 EL Bratensaft, Saft einer ½ Zitrone, 2 EL Petersilie, Salz und Pfeffer

Kaviar-Butter: 50 g Lachsforellenkaviar, 4 EL Dill, Saft von 1 Limette, Salz und Pfeffer

Krebs-Butter: 4 EL Krebspaste, 100 g Krebsfleisch püriert, je 2 EL glatte Petersilie, Dill und geröstete Pistazienkerne, je ½ TL Senf und Honig, Salz und Pfeffer

Sardellen-Butter: 100 g Sardellenfilets püriert, 2 TL Zitronensaft, Salz und Pfeffer

Brandy-Butter: 2 TL eingelegter grüner Pfeffer (erst abtropfen lassen), 2 EL Weinbrand, Salz und Pfeffer

Orangen-Trüffel-Butter: je 2 EL Saft und Schale einer unbehandelten Orange, 30 g frischer Trüffel, Salz und Pfeffer

Butter aus dem Butterfass

200 g Rahm
2 EL Sauerrahm oder Schmand oder 1 Msp. Flora Danica oder Lactoferm Kultur

> bei rohem Rahm: Rahm für 15–30 Sek. auf 72–75 °C halten (sonst ist die Butter nur wenige Tage haltbar), dann wieder auf Kühlschranktemperatur abkühlen lassen
> mit Sauerrahm, Schmand oder Kultur mischen und 10–12 Std. im Kühlschrank stehen lassen
> Rahm wieder auf 15 °C erwärmen und in ein kleines Butterfass füllen
> jetzt heißt es: stampfen, bis die Masse zusammenklumpt
> Buttermilch abgießen und abmessen
> Fass mit der gleichen Menge an höchstens 10 °C warmem Wasser nachfüllen und wieder stampfen
> Vorgang mehrmals wiederholen, bis das Wasser ganz klar ist
> Buttermasse kräftig zu einem Klumpen kneten, damit so wenig Wasser wie möglich bleibt
> einformen und verpacken

» **Mein Tipp:** Buttermilch nicht wegschütten! Sie können sie trinken (pur oder mit Fruchtsäften gemischt), zum Backen verwenden und damit weitere Milch oder Sahne animpfen oder daraus zum Beispiel Buttermilchkäse zaubern (Seite 88).
Buttermilch lässt sich übrigens auch problemlos einfrieren und bei Bedarf wieder auftauen.

Schraubdeckelglasbutter

200 g Rahm
2 EL Crème fraîche oder Schmand
1 Schraubdeckelglas

> Rahm und Crème fraîche oder Schmand in ein großes Glas füllen, das dann maximal zu 2/3 mit Rahm gefüllt ist
> das Glas so lange schütteln, bis aller Rahm sich zu einem Klumpen geformt hat (mindestens 10–15 Min.)
> Buttermilch abgießen
> etwa die gleiche Menge kaltes Leitungswasser erneut ins Glas füllen und wieder weiter schütteln
> Vorgang wiederholen, bis das Wasser nach dem Schütteln klar bleibt
> Butter aus dem Glas holen, kräftig kneten und formen

» **Mein Tipp:** Werden Sie fit mit Butter! Versprochen: Machen Sie die Schraubdeckelbutter 2- bis 3-mal pro Woche, joggen Sie dabei in unterschiedlichen Geschwindigkeiten durch die Wohnung, das Haus, den Garten oder einen Park und Sie ersparen sich die Mitgliedschaft im Fitnessstudio auf Lebenszeit.

Zauberstabbutter

250 g Rahm
2 EL Schmand

- Rahm und Schmand in eine hohe Plastikschüssel geben
- so lange mixen, bis sich aller Rahm zu einem Klumpen geformt hat
- Buttermilch abgießen
- gleiche Menge Wasser wieder in die Schüssel füllen und mixen
- Vorgang wiederholen, bis das Wasser nach dem Mixen klar bleibt
- Butter aus der Schüssel holen, kräftig kneten und formen

Butterschmalz

500 g frische Butter

- Butter etwas zerkleinern (je 2-mal längs und quer teilen)
- langsam auf niedriger Stufe erhitzen (nicht köcheln), immer wieder umrühren
- sobald sich Schaum bildet, diesen abschöpfen
- sobald das Eiweiß zu sinken beginnt (frühestens nach 10 Min.), Topf vom Herd nehmen
- Butterschmalz durch einen (nicht zu dicken) Kaffeefilter oder einfaches Küchenpapier in ein großes Schraubglas absieben (kann ½–1 Tag lang dauern)
- Glas schließen, abkühlen lassen und eventuell beschriften

Hübsche Butter aus dem Model

Das klassische Buttermodel aus Holz kann ganz unterschiedlich geformt sein und ist oft kunstvoll mit zum Teil symbolhaften Kerbschnitzmustern verziert (Foto Seite 35). Es gibt der Butter nach ihrer Herstellung eine kompakte, ansehnliche Form. So gehen Sie vor:

- das Model zunächst in warmem Wasser einweichen, bis es sich vollständig vollgesogen hat
- anschließend die Form mit kaltem Wasser abkühlen
- die streichfähige, frische Butter einfüllen und kalt stellen
- das Model unter kaltem Wasser öffnen, die feste Butter aus dem Model herauslösen und anrichten

Indisches Ghee

250 g frische Butter

- Butter etwas zerkleinern (je 2-mal längs und quer teilen)
- langsam auf niedriger Stufe erhitzen, immer wieder umrühren, den Schaum hier nicht abschöpfen
- 30 Min. auf niedrigster Stufe köcheln lassen, das Eiweiß bleibt unten in der Butter
- in ein großes Schraubglas (Filter, Haushaltstuch) absieben
- Glas schließen, das Ghee abkühlen lassen, Glas beschriften

Gewürztes Ghee

500 g Butter
Gewürzmischung nach Belieben:
je ½ TL Kardamom und Zimt mit ½ Vanillestange oder
je ½ TL Ingwer, Zitronengras gemahlen und Koriander oder
je ½ TL Knoblauch, Liebstöckel und Kümmel oder
je ½ TL Curryflocken, Pimentkörner und grober Pfeffer oder
je ½ TL Muskatnuss, ganze Nelken und Chiliflocken oder
je ½ TL Schabzigerklee, Paprika rosenscharf und edelsüß

- Butter etwas zerkleinern (je 2-mal längs und quer teilen)
- Gewürze dazugeben
- langsam auf niedriger Stufe erhitzen, immer wieder umrühren
- sobald die Butter vollständig geschmolzen ist, diese einmal aufkochen
- Temperatur wieder zurückschalten und etwa 15 Min. offen simmern lassen
- sobald die Butter klar ist, diese in ein großes Schraubglas (Filter, Haushaltstuch) absieben
- Glas schließen, abkühlen lassen und beschriften

Achtung: Gewürztes Ghee macht süchtig!

Ghee in der Ferne

In Indien schwört man auf Ghee als Medizin. Es soll reinigende, entgiftende und entzündungshemmende Wirkungen haben und besonders bei Augenreizungen helfen.
In der afrikanischen Küche werden dem Ghee zusätzlich während des Siedevorgangs noch Gewürze wie zum Beispiel Ingwer, Knoblauch, Kümmel, Koriander, Kurkuma, Kardamom, Muskatnuss und Zimt zugegeben und anschließend das Ganze gesiebt.

Unschlagbar lecker und mit hohem Suchtpotenzial: Curry-Pfeffer-Ghee und Schabzigerklee-Piment-Ghee.

Ghee mit
Curry und
FROM THE KITCHEN OF
COSIMA
FROM THE KITCHEN OF
Ghee mit
Piment und

Sauerrahm, Crème fraîche und Mascarpone

So wie sich Milchprodukte wie Joghurt, Dick- und Buttermilch voneinander unterscheiden, sind Sauerrahmprodukte ebenfalls in verschiedene Kategorien unterteilt. Allesamt sind sie es wert, ausprobiert zu werden. Hier finden Sie zahlreiche Rezepte.

Sauerrahmprodukte unterscheiden sich durch die unterschiedlichen Säuerungsarten und -zeiten, die sonstigen Bearbeitungsweisen und besonders durch die verschiedenen Fettgehaltsstufen:

> Saure Sahne (= Sauerrahm), etwa 10 % Fett
> Sour Cream hat auch 10 % Fett, ist aber cremig gerührt und häufig leicht gesalzen und mit Kräutern gewürzt
> Crème légère, etwa 20 % Fett
> Schmand, etwa 20–30 % Fett
> Crème fraîche, etwa 30 % Fett
> Mascarpone (gehört streng genommen zum Käse), je nach Sorte 41–47 % Fett

Wärme ist das Zauberwort!

Nicht immer haben wir Sommer, nicht immer sind die Räume sehr warm (oder für die Reife kühl), doch was das Thema Wärme angeht, kann man sich behelfen. Decken, Zeitungen oder Handtücher halten warm, Wasserbad oder Backofen (my top favourite) genau so. Darüber hinaus gibt es Styroporkisten, die man als „Kochkiste" umfunktionieren kann, Thermoskannen sind zum Warmhalten geeignet, ebenso wie Joghurtbereiter oder sogar Plastikbecher mit dickeren Wänden. Alles nur eine Frage der Fantasie!

Saure Sahne

200 ml roher Süßrahm
oder
pasteurisierter Rahm und ein kleinfingernagelgroßer Brotkrumen aus stark gesäuertem Teig

> Rahm in eine Schale geben (bei wärmebehandeltem Rahm den Brotkrumen dazugeben)
> an einem warmen Ort, eventuell sogar auf der Heizung, einen guten Tag stehen lassen, bis er fest ist

Schmand

500 g Rahm
1 Msp. ProBiDa Kultur oder 2 EL Sauerrahm
10 g Butter

> Rahm und Butter mischen
> auf 28–30 °C erwärmen
> ProBiDa oder Sauerrahm in den Rahm einrühren
> 12 Std. bei 28–30 °C stehen lassen

Sour Cream

500 g Rahm
½ TL Salz
1 EL Quark
2 EL Sauerrahm

> Rahm und Salz mischen
> im Wasserbad bis zum Kochen erhitzen
> dort auf 28–30 °C unter stetem Rühren runterkühlen
> Quark und Sauerrahm dazugeben
> 20–22 Std. bei Raumtemperatur stehen lassen und dabei immer wieder gut durchrühren

» **Mein Tipp:** Nordamerikaner lieben Sour Cream. Sie schmeckt pur, ist aber besonders lecker mit 2 TL frischen, gehackten Kräutern vermischt, zum Beispiel als Dip zu frischem Gemüse oder als Häubchen auf Ofenkartoffeln.

Die Engländer lieben Clotted Cream zu Scones und Marmelade.

Clotted Cream

500 g Rahm

> Rahm im Wasserbad langsam zum Kochen bringen
> 2–3 Std. köcheln lassen, bis der Rahm eine dicke, blasige Schicht gebildet hat
> alles abkühlen lassen und für mindestens 4 Std. in den Kühlschrank stellen

Crème fraîche

2 l Rahm
1 Msp. Säuerungskultur für Frischkäse (z. B. Alpha oder Choozit)

> Rahm und Kultur mischen
> 36–40 Std. auf etwa 30 °C warm halten

Mascarpone

500 g Rahm
5 g Zitronensäure oder
5 EL Zitronensaft

> Rahm aufkochen
> Säure oder Saft zugeben
> Masse rühren, bis der Rahm geronnen ist
> geronnene Masse durch ein Tuch gießen und auffangen
> abkühlen und über Nacht im Kühlschrank stehen lassen

Mascarpone mit Quark

250 g Magerquark
100 g Rahm
125 g Butter

> alles zusammen in einen Topf geben und auf ca. 50 °C erwärmen
> 5 Min. lang rühren
> Masse abfüllen und kühlen, bis sie fest ist
> im Kühlschrank aufbewahren

Käseküche

Käse wird von Skandinavien bis Tasmanien rund um den Globus produziert und gehört vielerorts zu den Grundnahrungsmitteln. Sicherlich sind einige Sorten in den eigenen vier Wänden nicht genau so herzustellen, wie es die Profis mit ihrer jahrhundertelangen Erfahrung tun. Trotzdem gibt es genügend feine Rezepte für Ihre Küche.

Das ist Käse

Wie die Herstellung anderer Milchprodukte folgt auch das Käsen immer dem gleichen Grundmuster. Hier und da wird variiert, dort verfeinert, da noch ein bisschen länger gewartet und heraus kommen verschiedenste Leckereien, die sehr charakteristisch schmecken – und riechen.

Jeder Kontinent, jedes Land, jede Region und manchmal sogar einzelne Städte haben ihre ganz eigene Rezeptur mit den dazugehörigen Käsebezeichnungen: vom schweizerischen Atzmännig Bergkäsli bis zum afrikanischen Zama Goat Keese. Die bestimmten Käsesorten dürfen den Eigennamen nur tragen, wenn sie alle entsprechenden Voraussetzungen erfüllen, wie zum Beispiel Kuhrasse, Herkunftsland und Reifezeit.

Natürlich können wir zu Hause die Originale der einzelnen Käsesorten nicht exakt produzieren – selbst wenn wir jede einzelne Rezeptur kennen würden. Denn diese „echten" Käsesorten sind von sehr vielen verschiedenen Faktoren beeinflusst. Doch wir können mindestens genau so leckere Käsesorten herstellen und das in ebensolcher kulinarischer Vielfalt.

Was ist eigentlich Analogkäse?

Bei Analogkäse, der oft als „Pizza-Mix" oder „Gastromix" in den Supermarktregalen liegt, wird das Milchfett durch andere tierische oder pflanzliche Fette ersetzt, das Milcheiweiß zum Teil durch Eiweißpulver. Leider bleibt es oft nicht dabei, sondern es werden noch Zusätze beigemischt, die nicht gerade beliebt sind: künstliche Aromen, Farben, Konservierungsstoffe, Geschmacksverstärker.

Was darf es sein?
Bei so vielen Käsesorten haben Sie die Qual der Wahl.

Wie entsteht Käse?

Im Grunde ist es ganz einfach: Man nehme Milch und/oder Milchprodukte (Joghurt, Dickmilch, Molke, Rahm, Butter, Buttermilch oder Quark), versetze sie mit Säureweckern und weiteren Zugaben wie Lab, Zitronensäure oder Pilzen (Kefirkäse) und eventuell Schimmelpilzkulturen und gebe noch etwas Salz oder Gewürz dazu. Jetzt braucht es nur noch einiger weniger Handgriffe, mehr oder weniger Reifezeit und fertig ist der Käse, ein pures Naturprodukt.

Darüber hinaus gibt es auch noch einige Variationsmöglichkeiten: Mit heißem Wasser, heißem Salzwasser oder heißer Molke übergossen und durch Kneten und Ziehen zu Strängen geformt, bekommt man zum Beispiel Pasta-Filata-Käse. Mit Rauch oder Raucharomen wird Räucherkäse daraus. Manche Käsesorten werden auch noch gefärbt oder mit Trinkwasser versetzt.

Ordnung in den Käse

Es gibt viele Möglichkeiten, die unzähligen Käsesorten einzuteilen: zum Beispiel nach dem Fettgehalt in der Trockenmasse, nach der Stockart der Milch oder dem Wassergehalt.
Für Sie ist in erster Linie aber die zugrunde liegende Art der Herstellung entscheidend. Daher sind die folgenden Rezepte so unterteilt:

- Frischkäse (dazu gehört streng genommen auch Quark)
- Weichkäse
- Schnittkäse (inklusive halbfestem Schnittkäse)
- Hartkäse
- Sonstige Käsearten: Pasta-Filata-Käse, Schmelzkäse und Lakenkäse

Jetzt wissen Sie es: Die Bakterien waren's!

Wie kommen die Löcher in den Käse?

Nein, die entstehen nicht durch Feuchtigkeit und auch nicht, weil jemand sie einfach hineinbohrt (außer bei Blauschimmellöchern, die entstehen tatsächlich durch winzig kleine Nadelstiche, die den Käse besser belüften), und auch nicht, weil sich der Käse durch die Wärme bei der Gärung zu schnell ausdehnt ...

Tatsächlich entstehen die großen Löcher im Emmentaler Käse durch Gasblasen, die während der Reifung von ganz speziellen Bakterien (Bakterien mit dem klingenden Namen *Propionibacterium freudenreichii*) verursacht werden. Neben anderen Stoffwechselprodukten bilden sie Kohlendioxid. Dieses Gas kann jedoch nicht entweichen und bläht daher den Käse stellenweise mehr oder weniger auf.

Kleinere Löcher, wie zum Beispiel im Tilsiter, entstehen schon vor der Käsereifung. Mancher Käse wird nämlich nicht in die Form gepresst, sondern von Hand hineingegeben, was zu einer lockeren Schichtung mit kleineren Luftlöchern führt.

Was brauche ich für guten Käse?

Eine gute Vorbereitung ist die halbe Miete, ... also ... der halbe Käse. Daher sollten Sie, bevor Sie loslegen, das entsprechende Instrumentarium sowie die ausgewählten Zutaten griffbereit halten.
Hier finden Sie alles Notwendige und mögliche Zusatzausrüstung.

Handwerkszeug

- Herd (am besten mit Backofen zum Wärmen der Milch)
- ausreichend großer Edelstahltopf
- verschieden große Leinentücher (am besten sogenannte Käseleinen, alternativ: Mulltücher, Stoffwindeln)
- Küchensiebe
- Schneebesen
- Lebensmittelthermometer
- Küchenwaage
- Messbecher
- Käsegitter oder Bruchschneider (zunächst genügt aber ein Messer)
- Käseformen aus Plastik, Keramik oder Holz
- Käsereifehölzchen
- Reifebehälter (manche Sorten können aber auch eingehüllt ins feuchte Leinen im Kühlschrank reifen; ansonsten finden Sie ab Seite 139 Ideen für Reifeboxen Marke Eigenbau)
- Pressvorrichtung für Hartkäse

» **Mein Tipp:** Kein Leinen zur Hand? Wenn Sie die Molke vom Bruch trennen wollen, tut's bei kleineren Mengen zur Not auch der mit Papier ausgelegte gute alte Kaffeefilter.

Wer will guten Käse machen, der muss haben ein paar Sachen …

Wer sich zum Käse-Profi entwickelt, kann sich noch viel mehr Handwerkszeug zulegen und eine Menge Geld ausgeben für Butyrometer (Fettbestimmer), Hydrometer, Käsebohrer, Käsbürsten, Zentrifugen, Titrierapparat (Säuremesser für Milch) oder pH-Messgeräte. Doch für die häusliche Käserei reicht fürs erste die oben aufgeführte Liste völlig aus.

Käseformen im Handumdrehen

Sammeln Sie leere Plastikbehälter, Becher oder Tetrapacktüten und machen Sie mit einem Bohrer einige 4-mm-Löcher in den Boden und die unteren Seitenteile. Entfernen Sie grundsätzlich die Deckel, bei Tetrapacktüten einfach eine lange Seite abschneiden. Schon haben Sie brauchbare Käseformen! Achtung! Diese Formen sind nur für Frisch- und Weichkäse geeignet, da Hartkäse gepresst werden muss und die Formen dem Druck nicht standhalten.

Aus Heu wird erst einmal Rohmilch, den Rest macht der Mensch.

Messen für mehr Sicherheit

Wer in seiner Käseküche auf Nummer Sicher gehen will, kann den pH-Wert der Milch und des Bruches selbst messen. Dieser Wert gibt nämlich Auskunft und nimmt Einfluss auf die Milchqualität oder die Aktivitäten der Milchsäurebakterien. Ein falscher pH-Wert kann die Käsereifung negativ beeinflussen. Messen können Sie mit Teststreifen, die in Apotheken, Zoohandlungen oder Molkereibedarfsläden zu bekommen sind. Die ganz frische Milch sollte einen pH-Wert von etwa 6,5–7,0 haben, der Bruch hat in der Regel einen pH-Wert zwischen 5,0 und 6,5. Der endgültige pH-Wert des Käses sollte um 5,0 liegen.

Zutaten

Milch und/oder Rahm

Die Auswahl ist beinahe grenzenlos und bietet damit der Experimentierfreude eines engagierten Käseherstellers eine breite Spielwiese. Rohmilch? Fettarme Milch? Mit Rahm oder ohne? Dickmilch? Buttermilch? Alles zusammen? Entscheidungshilfen und was Sie bei welcher Milch beachten müssen, finden Sie ab Seite 10.

Wenn Sie statt Kuhmilch lieber Schaf- oder Ziegenmilch für die Käseküche verwenden wollen, können Sie diese ohne Weiteres damit ersetzen. Zu beachten ist nur

Bei Schafsmilch:

> Erwärmung der Milch anfangs nur auf 29 °C
> eventuell 15 % der Milchmenge an Wasser dazugießen, damit der Bruch mehr „Platz" hat und sich besser trennen kann

Bei Ziegenmilch:

> die Milch so frisch wie möglich verwenden
> Einlabtemperatur 29 °C

Für die Herstellung von **einem Kilogramm Käse** werden je nach Käsetyp zwischen vier und dreizehn Liter Milch benötigt. Anders gesagt: Man hat nach dem Verkäsen etwa 7,5–25 % der ursprünglichen Milchmasse. Die Ausbeute bei Schafsmilch ist etwas höher, da diese mehr Eiweiß und Fett beinhaltet.
Das heißt, für die Käseküche benötigen Sie für 1 kg Käse so viel Milch:
Frischkäse: 4–5 l
Weichkäse: 8–9 l
Schnittkäse: 10–11 l
Hartkäse: 11–13 l

» **Mein Tipp:** Kalziumchlorid und Lysozym nicht vergessen! Für die Käseherstellung können diese beiden Zutaten von Bedeutung sein (Seite 14).

Säurewecker, Säuerungsmittel und spezifische Kulturen

Zur Säuerung, die die Dicklegung ankurbelt und so die Voraussetzung für eine gute Labwirkung schafft, können Sie verschiedene Zutaten nehmen und auch mehrere davon gleichzeitig anwenden. Zusammen mit anderen Faktoren (Milchart, Reifezeit, Temperatur, Zusätze) entscheiden sie über die Beschaffenheit des Käses, also Konsistenz, Geschmack und ob er mit Edelschimmel verfeinert ist. Sie haben folgende Möglichkeiten:

1. **Säurewecker aus gesäuerten Milchprodukten** wie Dickmilch, Buttermilch oder Joghurt beinhalten bereits Milchsäurekulturen (Starterkulturen). Sie werden direkt in die Milch eingerührt. Mit ihnen zu arbeiten, ist die einfachste Art, Milch dickzulegen.
2. **Gekaufte Kulturen**, die Sie in gefriergetrockneter Form bekommen können (Starterkulturen oder genauer Direktstarter). Sie haben oft ganz individuelle Eigenschaften, zum Beispiel machen Sie das Produkt entsprechend mild, intensiv oder sorgen für einen bestimmten Edelschimmel.
3. Auch **Zitronensaft, Wein oder Essig** werden als Säuerungsmittel eingesetzt.

Auch wenn man sie nicht unbedingt braucht, macht es Spaß, damit zu experimentieren. Es gibt (neben den Hobbythek-Kulturen wie zum Beispiel LaBiDa) ein großes Angebot an Kulturen, die so klangvolle wie vielfältige Namen haben:

- Flora Danica (Direktstarter für Käse und Quark)
- Joghurt L(+) oder YO-MIX (für Joghurtbereitung)
- Probat (für Frisch- und Schnittkäse)
- Choozit (für Frisch-, Schnitt- und Hartkäse)
- Aroma AA-WD1 (alle mögliche Kulturen gemischt)
- Propioni (speziell für Lochbildung)

Mesophile oder thermophile Kultur?

Wer sich mit dem Käsemachen beschäftigt, stößt unweigerlich auf diese Begriffe. Sie beziehen sich auf die bevorzugte Umgebungstemperatur der Bakterienkulturen.

Mesophile Milchsäurebakterien mögen ein angenehm temperiertes Mittelmaß zwischen 20 und 40 °C und dicken bei diesen Temperaturen die Milch ein. Mit ihrem milden Aroma werden sie vor allem für Dickmilch, Buttermilch oder Crème fraîche verwendet.
Thermophile Bakterien haben es gerne warm oder gar heiß und bevorzugen Temperaturen zwischen 30 und 54 °C. Sie schmecken im Allgemeinen intensiver und etwas herber und werden gerne für Joghurt und Joghurtprodukte verwendet.

Die Mischung macht's! Mischkulturen werden oft als Direktstarter angeboten, die sich der Charakteristika beider Gruppen bedienen. Es gibt spezielle Kulturen für diverse Käsesorten wie Bergkäse oder Emmentaler. Trotzdem entscheidet die regionaltypische Bakterienflora in der Milch immer mit.

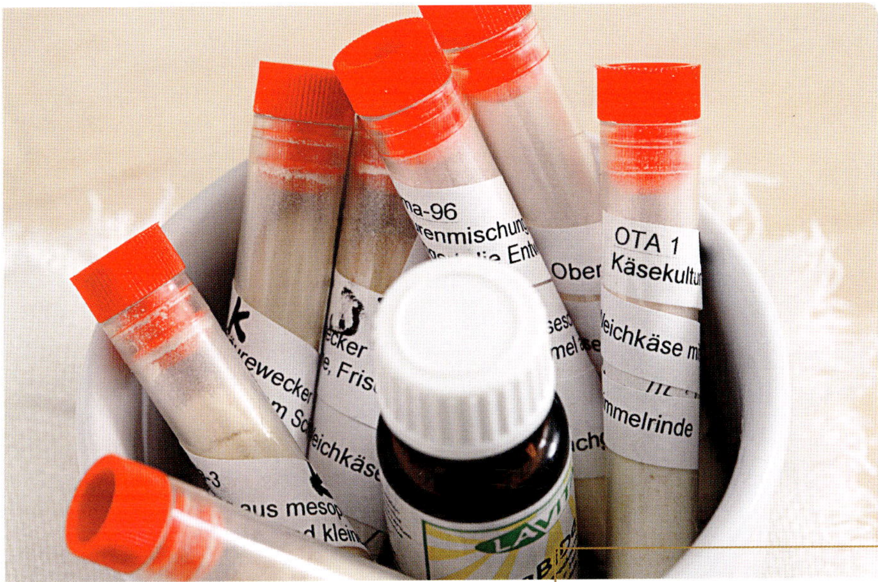

Klein, aber fein: Milchsäurebakterien sind fürs Käsemachen das A und O in der Milch.

- Mikromilk (für viele Käse- und Sauermilchsorten, Buttermilch und Butter)
- Visbyvac (ein Säurewecker für Emmentaler und Bergkäse, Joghurt)
- Lactoferm (eine Kultur für Frischkäse, Dickmilch, Quark und Butter)
- Alpha (ein mesophiler Säurewecker für Butter, Crème fraîche, Frischkäse, Weichkäse, Weichkäse mit Blauschimmel)
- Jota (Propionsäurekultur für Käse mit Lochbildung)
- Sigma (verschiedene Käse- und Käseschmierekulturen)
- Omega (Säurewecker zur Herstellung von Quark, Weichkäse und gepresstem Käse)
- Schimmel (+Abkürzungen)
- LHB, R074
- kult 1, 2 und 3 (verschiedene Käsekulturen)

Hier ist nur eine kleine Auswahl thematisiert, doch im weiteren Angebot findet gewiss jeder, der in der Milchküche aktiv wird, „seine Kultur“.

Allen gemeinsam ist die vorbereitende Behandlung: Sie werden in der Regel entweder direkt oder erst nach einer Einweichphase in Wasser in die Milch eingerührt.

Lab oder Labaustauschstoffe

Tierisches Lab, auch Lab, Kälberlab oder Käsemagen ist eine Enzymmischung mit dem Hauptwirkstoff Chymosin. Es wird im Labmagen von Kälbern und anderen Säugetieren produziert. Lab bewirkt die Gerinnung der Milch, genauer gesagt, spaltet es die Milch in ihre festen und flüssigen Bestandteile auf. Das Tier kann die getrunkene Milch somit besser verdauen.

Wurde früher ein Kalb geschlachtet, schnitt der Metzger den Magen heraus, wusch und trocknete ihn. Er verkaufte dann den Magen dem Käser, der ihn zerschnitt und in Wasser einweichte. Auf diese Weise lösten sich die Enzyme aus den zerteilten Magenhäuten. Am folgenden Morgen drückte er diese aus wie einen Schwamm und leerte die zurückgebliebene, gelbliche Flüssigkeit, das Lab, in die erwärmte Milch, um sie zum Gerinnen zu bringen.

Für (angehende) Käser gibt es heute fertiges Lab als gepresste Tabletten zu kaufen, genau so wie in pastöser, pulvriger oder flüssiger Form. Auch Lamm- und Zickenlab ist erhältlich. Übrigens gibt es angeblich bis heute – es ist zu unrentabel – kein Lab aus Bio-Kälbermägen!

Pflanzliches Lab wird aus Pflanzensaft gewonnen und wird bis heute vor allem im Mittelmeerraum verwendet. In Deutschland ist es offiziell nicht mehr zugelassen.

Man nimmt dafür den Saft aus Rizinussamen, Kaktusfrüchten, Feigenbaum, Distelblüten, bestimmten Artischockenarten, dem westafrikanischen Sodomapfel und Klee. Auch Labkraut hat eine fermentierende Wirkung.

Labkraut ist eine bis zu einem Meter hohe Pflanze, die in ganz Europa (wo es nicht zu kalt wird) an Weideflächen, Dünen, Wegrändern und in Heidegebieten zu finden ist. Typisch sind die schmalen Blätter, die strahlenförmig rings um den Stängel stehen. Die gelben Blüten verbreiten einen angenehmen, honigarti-

Lab richtig verwenden

> Lab nur bis zum Mindesthaltbarkeitsdatum verwenden, andernfalls ist möglicherweise die Dicklegung der Milch nicht gewährleistet.
> Zu heißes Wasser macht ebenfalls die Labwirkung zunichte, die stärkste Labwirkung liegt bei 35–40 °C.
> Festes Lab in lauwarmem Wasser auflösen und dann erst zur Milch geben.
> Lab stets erst nach einer Säuerungszeit der Milch von 0,5–2 Std. einrühren, dann die Milch schnell wieder anhalten, sonst kann die Dicklegung eventuell nur begrenzt erfolgen.
> Lab nicht überdosieren, da der Käse sonst möglicherweise bitter schmeckt.

gen Geruch. Der Blütenfarbstoff des Labkrauts ist übrigens für die Gelbfärbung und den besonderen Geschmack des berühmten englischen Chesterkäses verantwortlich. Als Labersatz bietet sich Labkraut allerdings nicht an, da es nicht ganz zuverlässig ist.
Mikrobielles Lab wird aus bestimmten Schimmelpilzen hergestellt. Diese sind in der Lage, ein Chymosin-ähnliches Enzym zusammenzubauen, welches die Milch gerinnen lässt.

Dieses mikrobielle Lab wird fälschlicherweise oft auch als pflanzliches Lab bezeichnet.

Es wird für die Produktion von Frisch- und Weichkäse genau so eingesetzt, wie auch für länger reifende Schnitt- oder Bergkäse. Mikrobielles Lab ist günstiger als Kälberlab und für Vegetarier eine sinnvolle Alternative. Verwenden Sie es nach Herstellerangaben.
Gen-Lab ist gentechnisch generiertes Lab. Es wird von Schimmelpilzen gewonnen, denen man aus Kälbermägen entnommene Gene eingepflanzt hat. Käse mit Gen-Lab braucht nicht als solcher gekennzeichnet werden. Falls Sie es verwenden wollen, richten Sie sich nach den Herstellerangaben.

Vegetarischer Käse

Wer rein vegetarischen Käse im Kühlschrank haben will, für den ist die eigene Käseherstellung der sicherste Weg zum labfreien Genuss. In diesem Buch sind viele Rezepte ohne tierisches Lab. Sie haben aber auch die Möglichkeit, Lab einfach mit den alternativen Stoffen zu ersetzen.

Pflanzlicher Käse

Für Menschen, die keine tierischen Produkte konsumieren wollen, kommen nur Käseersatzprodukte zum Beispiel aus Soja-, Reis- oder Hafermilch infrage. Zum Ausprobieren hier ein Rezept aus Mandelmilch:

150 g Mandeln
½ l Wasser
15 ml Weißwein
Salz, Pfeffer, frisch gehackte Kräuter

> Mandeln mit heißem Wasser übergießen und darin 10 Min. einweichen
> danach die Haut der Mandeln abpellen
> Mandeln und Wasser mit dem Pürierstab zu Mus pürieren
> Mandelpüree in einem Topf erhitzen
> den Weißwein hinzufügen
> unter Rühren aufkochen
> bei geringer Hitze 5 Min. köcheln lassen
> dann salzen und kräftig pfeffern
> Masse auf ein Haarsieb geben und 2 Std. abtropfen lassen
> vor dem Verzehr in den gehackten Kräutern wälzen

Essig, Wein, Fruchtsäure: Einige Käsearten werden fast ausschließlich mit diesen Zutaten gesäuert, bis sich die Molke vom Bruch trennt. Als Faustregel gilt: Es genügen 1–2 EL Zitronensaft, Essig oder Wein, um 1 l Milch dickzulegen. Der Eigengeschmack der Säure ist dabei kaum wahrnehmbar.

» **Mein Tipp:** Fruchtsäure, Essig oder Wein sind übrigens für Frisch- und Weichkäsesorten auch als Notfallhelfer einsetzbar, falls das Lab partout mal nicht in die Strümpfe kommt: Milchmischungen bis kurz vor dem Siedepunkt erhitzen, 2 EL Säure dazugeben und schon klappt es.

Edelschimmel und Rotschmiere

Edelschimmelpilze zählen ebenfalls zur Kategorie der Kulturen. Sie werden manchen Käsesorten „eingeimpft", zum Beispiel speziellen Sorten wie Camembert (*Penicillium camemberti*) oder Roquefort (*Penicillium roqueforti*).

Schimmelkulturen – man unterscheidet grundsätzlich Blau- und Weißschimmel – und Rotschmierekulturen werden für die Entwicklung eines ausgeprägt würzigen Eigengeschmacks und Aromas zugemischt und gleichzeitig für die Oberflächen- oder Rindenbehandlung eingesetzt.

Zu bekommen sind die Kulturen bei Adressen für Käsereibedarf. Eine Messerspitze reicht in der Regel für 10 l Milch, das heißt, so eine Packung ist sehr ergiebig. Allerdings ist die Haltbarkeit meist auf 1–3 Jahre begrenzt.

» **Mein Tipp:** Statt der reinen Kulturen können Sie auch von fertigen oder gekauften Käsesorten ein erbsengroßes Stück pro Liter Milch abschaben und unter den Bruch mischen oder die Rindenbehandlung damit erweitern (dazu ein Stückchen Rinde klitzeklein schneiden und dem Salzbadewasser zufügen).

Kräuter, Gewürze und Sonstiges

Der Geschmack von Käse kann individuell durch jeden erdenklichen kulinarischen Zusatz verändert werden. Da sind der Vielfalt Tür und Tor geöffnet! Egal, ob man von Salz und Gewürzen Gebrauch macht, Kräutern, Knoblauch, Nüssen, Samen, Wurzeln wie

Alles in den Käse – die Vielfalt der Gewürze macht die Sache reizvoll.

Meerrettich, Fischvariationen, Schinkenstreifchen oder Speckwürfeln, getrockneten Tomaten, Oliven, weiteren Gemüsesorten oder Früchten – der Kreativität sind kaum Grenzen gesetzt. Sie können selbst mischen oder auf vorgefertigte Mischungen zurückgreifen.

» **Mein Tipp: Gewürze in den Käse**

> Schabzigerklee (kräftiger Geschmack, zu bekommen auf Wochenmärkten und im Gewürzhandel)
> Bockshornklee (ähnlich dem Schabzigerklee)
> Kümmel
> Bärlauch (Achtung beim Sammeln: Es besteht Verwechslungsgefahr mit ähnlich aussehenden, aber giftigen Pflanzen)
> Chili
> Wachholderbeeren
> Kreuzkümmel
> Pfefferkörner (die Schärfe ist am stärksten im weißen, am schwächsten im grünen Pfeffer, grüne und schwarze Pfeffersorten sind aromatischer als weiße, rote Pfefferkörner schmecken zusätzlich etwas süßlich)

Speisesalz

Salz bekommt bei der Käseherstellung zweierlei Beutung. Zum einen ist es ein Würzmittel, zum anderen wird es für die längere Haltbarkeit eines Käselaibes eingesetzt, indem der Käse mit Salz abgerieben oder in Salzlake gebadet wird.

Lakenzusätze

Für Laken kommen mehrere Zutaten infrage: Molke, Salz, Weine und andere Alkoholika, Öle, Kräuter und Gewürze. Da ist je nach Geschmackswunsch die Vielfalt unerschöpflich groß.

Wachs und Coating

Mancher liebt es, den Käse in **Wachs** reifen zu lassen, weil er sich dann um nichts mehr kümmern muss. Der Käse wird luftdicht eingewachst und reift ohne weitere Beachtung vor sich hin. Dazu wird das Wachs erhitzt, bevor der Laib damit vollständig eingehüllt wird. Käsewachs besteht aus verschieden farbigen Paraffinen in Naturtönen oder gelb, rot, blau, orange, grün bis schwarz.

Eine andere Möglichkeit, Käse vor dem Austrocknen und falschem Schimmelbefall zu schützen, sind Behandlungen mit **Käsecoating**. Der synthetische Coat, also der „Käsemantel", wird dazu auf den gründlich abgetrockneten Käse mehrfach mit einem Tuch oder einer Bürste aufgestrichen. Aber aufgepasst: Der Käse schmeckt nach eigener Erfahrung damit sehr künstlich.

Farbe in den Käse

Manche mögen es gerne, wenn der Käse nicht weiß ist. Fügen Sie einfach dem Bruch Säfte, Pasten und Gewürze zu. 100 ml Saft oder 1–2 TL Paste oder Gewürze auf 1 l Milch sind für eine sanfte Färbung ausreichend.
Gelb: Möhrensaft, Safran, Annattopaste oder spezielle Käsefarben aus Carotin
Grün: Salbei oder grünes Pesto
Rot: Rote-Bete-Saft, Tomatensaft oder rotes Pesto.

So kann Käse in Ruhe reifen: komplett umwachst.

Haltbarkeit

Käse ist begrenz haltbar, klar. Aber wie lange tatsächlich?
Hier einige Faustregeln:

> Käse am Stück ist grundsätzlich länger haltbar als in Scheiben.

> Frischkäse muss möglichst luftdicht verschlossen gelagert werden, mit Rohmilch gemacht sollte er innerhalb von 1–3 Tagen verzehrt werden, mit pasteurisierter Milch ist er maximal 14 Tage haltbar.

> Schmelzkäsesorten halten sich ungeöffnet mehrere Monate, selbst gemachter Schmelzkäse ohne Schmelzsalz etwa 2–3 Wochen.

> Weichkäse- und Schimmelkäsesorten halten sich nach dem Anschneiden bis zu zehn Tage.

> Noch nicht angeschnittene Hart- und Schnittkäselaibe in entsprechender Verpackung halten sich ungekühlt 2–3 Wochen, gekühlt monatelang.

> Hart- und Schnittkäsesorten halten sich angeschnitten bis zu zwei Wochen.

> Rotschmierkäsesorten sollten maximal fünf Tage liegen.

Käse Schritt für Schritt

Käsen läuft prinzipiell immer nach dem gleichen Schema ab. Lesen Sie dieses einmal gründlich durch, bevor Sie mit dem ersten Käse beginnen. Halten Sie sich bei allen Rezepten grundsätzlich daran und beachten Sie die Abweichungen, die im Rezept genannt sind. Eine Kurzübersicht finden Sie auch auf der vorderen Klappeninnenseite.

Schritt 1: Milch vorbereiten

> Rohmilch eventuell erst pasteurisieren – entweder schonend für 30 Min. bei 65 °C oder 15 Sek. lang auf ca. 72 °C – dann die Milch unter Rühren wieder runterkühlen auf Verarbeitungstemperatur (laut Rezept).

> Jetzt den Backofen vorheizen (möglichst niedrige Temperatur, zum Beispiel max. 50 °C einstellen und wenn die Temperatur fast erreicht ist, wieder abstellen) oder einen anderen warmen Ort vorbereiten.

> Milchmenge unter Rühren je nach Rezept und Starterkultur auf 29–45 °C erwärmen und daran denken: Wer auf Nummer sicher gehen will, kann der wärmebehandelten Milch Kalziumchlorid entsprechend der Milchmenge zugeben (Seite 14).

Schritt 2: Starterkultur dazugeben

> Die im Rezept angegebene Menge des Säurestarters einrühren.

Egal, wofür Sie sich entscheiden (oder ob Sie sogar mischen), die entstehende Säure schafft die Voraussetzungen für die gute Bruchbildung. Infos zu den Kulturen finden Sie auf Seite 58/59. Achtung: Gefriergetrocknete Kulturen müssen teilweise (nach Herstellerangaben) vor der Verwendung einen Tag lang in etwas kaltem Wasser im Kühlschrank vorquellen.

Schritt 3: Milch ruhen lassen

> Topf zudecken und an einen erschütterungsfreien und warmen Ort (jetzt eventuell ab damit in den Backofen oder – auf einer feuerfesten Unterlage gesichert – unter die Bettdecke) 1–2 Std. stehen lassen. Nun kann sich die Säure der Starterkultur in der Milch entwickeln.

Das Wärmen ist wichtig, da die Vermehrung der Milchsäurebakterien überhaupt erst ab 10 °C beginnen kann und am besten zwischen 20 und 40 °C erfolgt. Das genaue Temperaturoptimum bestimmt meist die gewählte Kultur.

Schritt 4: Lab einrühren

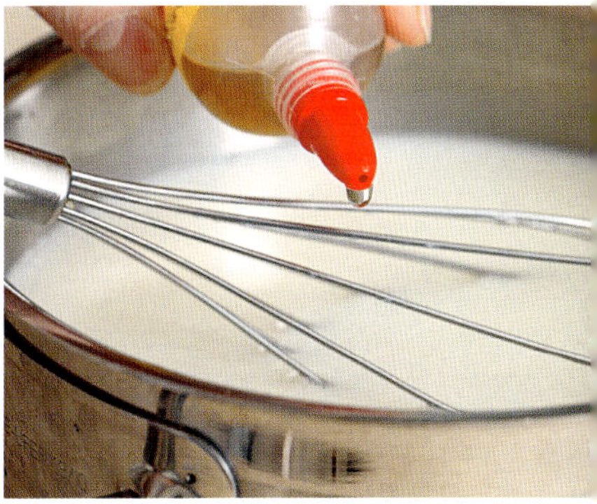

> Nach der Stehzeit die Milch eventuell etwas nachwärmen, bis sie etwa 30–35 °C vorweist.
> Das Lab oder die Labersatzstoffe in die Milch einrühren. Das Rühren muss gründlich, aber zügig vonstattengehen.
> Die Milch möglichst schnell danach wieder zum Stillstand bringen.

Halten Sie sich bei der Lab-Menge am besten streng an die Herstellerangaben, denn die Menge ist für jede Form von Lab unterschiedlich. Zur Sicherheit: 2 EL der gelabten Milch auf einen kleinen Teller geben, nach einer Viertelstunde sollte die Milch fest sein. Eventuell noch nachlaben, falls das Ergebnis nicht so ist, wie Sie es sich vorstellen.

Schritt 5: Milch erneut ruhen lassen

> Milch erneut einige Zeit warm halten.

Jetzt heißt es warten: Bis die Masse eingedickt ist, dauert es meist eine halbe Stunde bis zu einigen Stunden. Diesen Schritt nennt man Dicklegung der Milch und ist die Vorbereitung der Bruchlegung – der Trennung von Bruch und Molke.
Mein Tipp: Wenn es nur langsam vorangeht, können Sie auch mal alles über Nacht stehen lassen.

Schritt 6: Bruch prüfen und schneiden

- Ob die Milch – man nennt sie nun Gallerte oder Dickete – genügend eingedickt ist, also die richtige Konsistenz hat, prüft man mit der Messerprobe: Die Schnittstellen sollten bestehen bleiben und nicht sofort wieder ineinanderlaufen. (Alternativ können Sie die Fingerprobe anwenden: Die Masse sollte glatt brechen, wenn Sie einen sauberen Finger schräg eintauchen.) Funktioniert das noch nicht, lassen Sie die Milch etwas länger stehen, bis die Probe positiv ausfällt.
- Ist das dann der Fall, wird die eingedickte Milch gitterartig (Dreifachschnitt) geschnitten: Erst längs, dann quer, zum Schluss schräg. Dazu dient entweder ein Messer oder ein Bruchschneider, auch Käseharfe genannt. Es sollten dabei etwa 1–2 cm dicke Würfel entstehen.
- Die Dickete 10 Min. ruhen lassen, man sagt, der Bruch muss nachkäsen.
- (Für Hart- oder Schnittkäse können Sie nun den Backofen, je nach Rezept, auf 40–85 °C vorheizen.)
- Dann einmal vorsichtig durchrühren. Bei Hartkäsezubereitung darf das Rühren mit einem Schneebesen erfolgen, bis die Bruchkörner Reiskorngröße haben. Ansonsten ist ein Kochlöffel ausreichend, die Bruchstücke sind dann entsprechend größer.
- Den Bruch nochmals 10 Min. stehen lassen.

Schritt 7 (nur für Schnitt- oder Hartkäse): Bruch wärmen

Der Bruch für Hart- oder Schnittkäse muss nochmals erhitzt werden. So wird noch mehr Molke freigesetzt und die Bruchmasse wird fester – eine wichtige Voraussetzung für einen guten Schnitt- oder Hartkäse.

Man sagt, der Bruch wird „gewaschen“ oder „gebrannt“.

- Die einfachste Methode ist die Backofenvariante: Man stellt den Topf dazu einfach für 30 Min. in den vorgewärmten Backofen und rührt die Masse gelegentlich dabei um.
- Eine andere Methode (daher der Ausdruck „den Bruch waschen“) ist, der Masse so viel 60 °C heißes Wasser zuzugeben, bis der gesamte Topfinhalt die Temperatur von etwa 50 °C aufzeigt. Bei dieser Methode müssen Sie vorher schon etwas Molke abschöpfen, oder einen ausreichend großen Topf bei der Käseproduktion einkalkulieren – und zwar bevor Sie die Milch ansetzen.
- Der Bruch sollte nach dieser Behandlung eine gelblich matte Färbung haben. Eventuell noch nachwärmen, falls die Bruchmasse noch zu stark glänzt!

Schritt 8: Zusätze untermischen

> Möchten Sie dem Käse etwas zumischen – egal, ob Edelpilze, Salz, Gewürze oder Kräuter, Knoblauch, Nüsse, Samen, Schinkenstreifchen oder Speckwürfel, getrocknete Tomaten, Oliven, Früchte –, ist jetzt der richtige Zeitpunkt dafür: Mischen Sie es vorsichtig unter den Bruch.

Mein Tipp: Bei Frischkäse können Sie diesen Schritt auch nach dem Austropfen (Schritt 11) einbauen, dann sind zum Beispiel frische Kräuter noch besonders aromatisch. Zudem können Sie die Käsemasse auch als Rolle oder zu Kugeln formen, in Pfefferschrot wälzen und vieles mehr.
Für Edelschimmelkäse á la Gorgonzola, Bavaria blue oder Camembert brauchen Sie kein geheimes Rezept: Sie können einfach von einem entsprechend gekauftem Käsestück ein erbsengroßes Stück pro Liter Milch abschaben oder abschneiden, klein hacken und entweder kurz vor der Labzugabe der Milch untermischen oder die Stückchen direkt in den Bruch geben.

Schritt 9: Bruch abschöpfen

Nun muss der Bruch von der Molke getrennt werden.

> Dazu den Bruch in eine Käseform, ein Sieb oder eine Schüssel schöpfen, die mit einem großen, feuchten Käseleinen ausgelegt ist. Sobald die gesamte Masse eingefüllt ist, das Leinen an allen vier Ecken hochnehmen und einige Minuten lang ganz leicht hin- und herbewegen, damit die Molke abfließen kann.

Schritt 10: Bruch einformen

Jetzt bekommt der Käse seine spätere Form. Wichtig ist, dass er dabei mit einem Leinen bedeckt ist, damit sich während der Stehzeit (besonders in der warmen Jahreszeit) keine ungebeteten Gäste darauf verirren. Die Molke muss dabei frei aus der Form abfließen können, nicht, dass der Käse etwa „nasse Füße" bekommt!

> Nachdem die Molke abgeflossen ist, den Bruch möglichst rasch in eine Form legen: Entweder den Bruch mit dem Tuch in der Form belassen oder in eine Form schöpfen. Diese kann in jedem Fall randvoll befüllt werden.

Schritt 11: Bruch austropfen lassen und eventuell pressen

Jetzt heißt es warten oder pressen, je nach Käsesorte.

> **Frischkäse** muss, künftiger Weichkäse kann nun – am besten bei Zimmertemperatur – ungefähr 6–48 Std. lang austropfen, um die erforderliche Konsistenz zu bekommen. Dazu den Laib mit dem Käseleinen bedecken und das gute Stück zweimal täglich wenden.

> **Weichkäse** kann wiederum (da reicht im Grunde das Eigengewicht), **Schnitt- oder Hartkäse** jedoch muss nun bei normaler Raumtemperatur gepresst werden.

Pressen können Sie mit käuflichen Käsepressen, einer selbst gebastelten Rohr-in-Rohr-Käsepresse à la Hobbythek (mit Rohrabschnitten aus dem Baumarkt) oder schlicht einem großen Bücherstapel: 3 kg, das sollte für die ersten beiden Pressstunden das Anfangsgewicht sein, zum Beispiel für einen kleineren Käse, der etwa 5 × 6 cm groß ist.

Danach den Laib wenden und abermals 2 Std. mit 3 kg pressen. Bei Schnittkäse das Pressgewicht für weitere 2 × 6 Std. (einmal in der Zeit wenden) auf 6 kg erhöhen, bei Hartkäse sogar bis auf 15 kg. Der Druck muss gleichmäßig auf den Käselaib verteilt sein. Beim ersten Wenden sollten die vom Pressdeckel entstandenen Ränder abgeschnitten werden.

Der Frisch- oder Weichkäselaib kann nach der Austropfzeit wieder aus dem Tuch ausgeformt werden.

Pressgewicht

Als Faustregel fürs Pressen kann man sagen:
Etwa 100–150 g pro Quadratzentimeter Fläche der Käseoberseite – damit liegen Sie in jedem Fall richtig.
Die Presszeiten sind, je nachdem, wie die gewünschte Festigkeit sein soll, 2–18 Stunden. Wichtig ist dabei stets, dass die Molke frei abfließen kann. Das Wenden nicht vergessen – erstmals nach 30 Min., dann nach 1, 2, 4 und später 8 Stunden.
Für das Pressen von Weichkäse sind 2–4 Stunden mit 1–2 kg ausreichend.
Der Vorteil des Pressens bei Weichkäse: Man kann damit die Austropfzeit etwas verkürzen.

Nun ist die erste Käsestufe erreicht!

Der Frischkäse ist nun verzehrfertig. Er hält sich im Kühlschrank etwa eine Woche, reift aber auch bei kühlen Temperaturen ein bisschen nach. Sie können ihn sofort essen (pur auf Brot, mit Marmelade) oder ihn noch etwas mit Salz, Pfeffer oder sonstigen Gewürzen bestreuen. Auch gewälzt in frischen Kräutern oder Pfefferschrot schmeckt er oder in mit Kognak getränkte Tücher gelegt, in Weinblätter oder Baumrinde eingewickelt oder in Marinaden eingelegt. Die Möglichkeiten, Käse zu verfeinern sind schier unerschöpflich!

Für alle anderen Sorten geht's hier noch weiter und nun zeigt sich, wer ein guter Affineur ist ...

Schritt 12: Käse salzen oder in Salz baden

Das Salz dient Geschmack und Haltbarkeit. Manche fügen es bei diesem Schritt erstmals zu (und nicht bereits dem Käseteig), indem sie den Laib einfach kräftig mit Salz einreiben. Bei vielen Rezepten jedoch bekommt der Käselaib Salz als Geschmacksnote bereits unter den Bruch gemischt.

- Käse auswickeln und einsalzen oder salzbaden.
- Eine 15- oder 20 %ige Salzlake herstellen: 150 oder 200 g Salz auf 1 l Leitungswasser, ca. 15 °C kalt (entspricht meist dem Wasser aus dem Hahn). So lange rühren, bis sich die Salzkristalle komplett aufgelöst haben.
- Für das Salzbad den Käselaib vorsichtig in die Lake legen. Die Badezeit beträgt, je nach Käseart, 1–5 Std.
- Nach der Hälfte der Badezeit den Laib einmal wenden.

Mein Tipp: Statt des Wassers können Sie auch Wein und andere Alkoholika verwenden und vielleicht sogar Pfefferkörner, Lorbeerblätter und Nelken dazumischen (insgesamt eine halbe Handvoll Gewürze auf 1 l). Das alles gibt dem Käse einen einmaligen und unverwechselbaren Geschmack.

Salzbadezeiten

Weichkäsesorten bis 500 g:
- 15 %ige Salzlake (auch 18 % sind möglich)
- 1–2 Std. Badezeit

Hartkäsesorten bis 500 g:
- 20 %ige Salzlake
- 3–5 Std. Badezeit

Pro hundert Gramm mehr Käsemasse kann man die Badezeit einfach entsprechend dem Gewicht um ½ Std. bei Weichkäse, um 1 Std. bei Schnitt- und Hartkäse verlängern. Eine Salzlösung, wie man sie in Schweden früher zum Salzbaden der Käse genommen hat, benötigt ca. 360 g Salz pro Liter Wasser, welches dann 25 °C haben muss. Die alten Sennerinnen auf den Höfen haben den optimalen Salzgehalt der Lake so gemessen: Wenn eine rohe Kartoffel an der Oberfläche schwimmt, ist die Mischung richtig fürs Baden der Käselaibe! So können Sie durch ein stärkeres Salzbad noch mehr der Schimmelbildung entgegenwirken.
Wem die ganze Rechnerei zu viel ist, so geht es auch: pro 100 g Käse 1 Std. Badezeit in 20 %iger Lake bei ca. 15 °C.

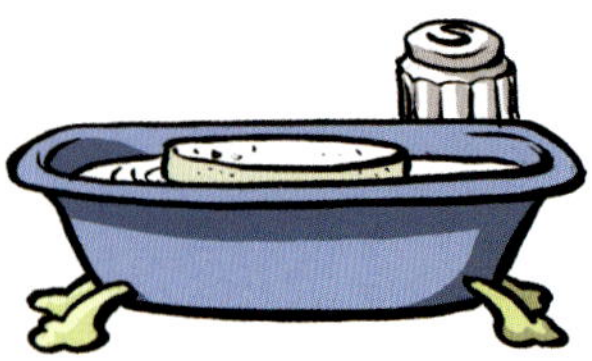

Schritt 13: Käse trocknen lassen

> Nach der Badezeit den Käse herausnehmen und auf einem Rost oder auf Käsehölzchen 1–2 Std. an der Luft abtrocknen lassen.

Wichtig ist, dass der Käselaib nun von allen Seiten gründlichen trocknen kann, damit sich auf der Käseoberfläche das Wasser verflüchtigt – was wiederum die Salzkonzentration erhöht und damit das Mikrobenwachstum auf der Rinde hemmt.

Mein Tipp: Käsehölzchen können Sie selbst herstellen: Dreieckleisten aus Holz mit einer Holzsäge und eventuell mithilfe einer Gehrungslade (damit geht es viel leichter) auf ca. 10–15 cm Länge zurechtsägen. Schon haben Sie fertige Käsereifehölzchen!

Schritt 14: Käse reifen lassen

Je nach Sorte muss der Käse nun einige Zeit reifen. Die Reifung des Käses erfolgt dabei bei den meisten Sorten von außen nach innen.

> Dabei können Sie **Weichkäsesorten** einfach in ein frisches, mit Salzlake getränktes Tuch wickeln. Sie reifen darin mehrere Tage, bis maximal 2 Wochen.

> **Schnitt- und Hartkäse** benötigt dafür jedoch sogar, je nach Typ, mehrere Wochen oder gar Monate. Sie müssen in den ersten beiden Wochen zusätzlich täglich gewendet werden und während der gesamten Reifezeit regelmäßig zur **Schimmelvorbeugung** in Salzlösung „gewaschen" werden (am besten damit abreiben).

Schnitt- und Hartkäse können nach dem Trocknen zusätzlich in Käsewachs getaucht, mit Coating bearbeitet oder mit Schmalz eingerieben werden, was alles die Austrocknung verhindert, die Haltbarkeit verlängert und den Reifungsprozess weiterhin in Gang hält.

Sie können die Salzlauge auch einfach in eine eigens für diesen Zweck benutzte Sprühflasche – wie man sie zum Beispiel für Pflanzen benutzt – einfüllen und die Käselaibe damit ringsherum besprühen. Hin und wieder dann mit der Flüssigkeit abbürsten.

Sollte sich dennoch grauer, grüner, schwarzer oder roter Schimmel bilden, muss dieser sofort mit einer Salzlösung, der ein Schuss Essig beigefügt ist, entfernt werden. Sie können den Käse auch regelmäßig gegen den Schimmelbefall mit Branntwein oder ähnlichen Alkoholika einreiben.

Auch die gewünschten Edelschimmelkulturen und Rotschmiere verhindern das Wachstum unerwünschter Keime: Dazu die gefriergetrocknete Kulturen in Wasser auflösen und den Käse nach dem Salzen damit einsprühen. Jeden Tag wenden und wieder einsprühen, bis der Schimmel oder die Schmiere sichtbar wird.

Gegen die Austrocknung der Rinde und Rissebildung hilft das Einschmieren mit Schmalz, Öl oder Butter.

Mein Tipp: Wenn Sie den Reifeprozess gegen Schimmelbildung besonders angehen möchten, können Sie den Käselaib auch für 12–15 Stunden kalt (also bei etwa 20 °C) in Buchenholz- und/oder Fichtenspänen räuchern. Die meisten Menschen besitzen natürlich keinen Kalträucherofen, aber auch dafür gibt es Abhilfe im Internet unter dem Stichwort Selbstbau und Räucherofen.

Reifeklima

Die ideale Reifeumgebung ist eine feuchte Höhle und die Temperatur liegt darin bei 12 °C. Doch wer kann schon eine Höhle mit diesen ständig gleichbleibenden Umgebungsverhältnissen sein Eigen nennen?

Ein gutes Reifeklima hat drei Kriterien: Die **Luftfeuchtigkeit** muss mindestens 80–90 % betragen und die **Umgebungstemperatur** sollte zwischen 5 und 15 °C liegen. Zudem sollte der Käselaib möglichst von viel **Luft** umgeben sein. Daher ist es sinnvoll, kleinere Roste oder auch Käsematten, die löcherig sind, selbst herzustellen oder anzuschaffen. Genau so wie ein Hygrometer, um die Luftfeuchtigkeit zu messen.

Ein gutes Reifeklima kann man erreichen, indem man den Käselaib einfach unter einer gläsernen Käseglocke (oder einer aus Porzellan) oder einer Tortenhaube lagert. Auch die Methode, den Käse in Frischhaltefolie oder ein feuchtes Leinen zu wickeln und in den Kühlschrank zu legen, führt zum Erfolg. (Schimmelkäse nach den ersten Tagen wieder auswickeln, damit sich der Schimmel entfalten kann.)

Wie Sie sich eine Reifebox selber bauen können, finden Sie auf Seite 139.

Reifezeit

Die durchschnittlichen Reifungszeiten betragen:

> Für Hartkäsesorten ca. drei Monate bis drei Jahre
> Für Schnittkäse ca. ein bis zwei Monate
> Für Weichkäse ca. ein bis drei Wochen
> Für Frischkäse rechnet man keine Reifezeiten ein, er ist sofort zum Verzehr „freigegeben“.

So oder ähnlich könnte Ihr erster selbst gemachter Käse aussehen!

Nun ist die zweite Käsestufe erreicht!

Weich-, Schnitt- und Hartkäsearten sowie die meisten anderen Sorten (Ausnahmen bestätigen auch in der Käserei die Regel) sind nun – nach der entsprechenden Reifezeit – verzehrfertig.

Käse aufbewahren und genießen

Auch verzehrfertig gereifter Käse braucht eine gute Behandlung. Wenn es dann soweit ist, sollten Sie den Käse stets unter der Glocke lagern (oder in Folie oder Tücher wickeln), vor dem Verzehr herausnehmen und bei Zimmertemperatur atmen lassen: mindestens eine halbe Stunde, besser 1–2 Stunden.

Bewahren Sie Käse nicht zu kalt auf, denn zu tiefe Temperaturen nehmen dem Käse Geruch und Geschmack. Falls notwendig, sollte Käse maximal einen Monat lang eingefroren werden, und das auch erst, nachdem er seine volle Reife erreicht hat.

Frischkäse

Das Tolle an Frischkäse: Er ist unkompliziert herzustellen, geht schnell und einfach. Unmittelbar nach seiner Herstellung ist er genussfertig. Dabei können Sie nach Herzenslust die Geschmacksrichtungen variieren.

Frischkäse ist rindenloser Käse, der nicht oder nur sehr wenig reifen muss und sofort verzehrt werden kann. In der Molkereisprache wird er auch schlicht Sauerkäse genannt, weil dabei das Kasein häufiger mithilfe von Säure, statt Lab gebunden wird. Es wird jedoch auch Lab verwendet.

Für die Herstellung benötigen Sie im Vergleich zu anderen Käsesorten geringere Temperaturen, weniger „Dickleger" und eine längere Gerinnungszeit. Zu den gängigsten Frischkäsesorten zählen streng genommen

> Quark
> Hüttenkäse
> Rahmkäsesorten
> Mascarpone (da dieser nur aus Rahm gemacht wird, ist er im Kapitel „Rahmküche", auf Seite 47 zu finden)

Frischkäse ist in der Regel sehr wasserhaltig und ist deshalb auch nur kurzzeitig haltbar. Sind frische Kräuter eingearbeitet, reduziert sich die Haltbarkeit sogar meist noch. Sie können diese jedoch kurz aufkochen, um die Haltbarkeit des Käses zu verlängern. Alle Frischkäsesorten sollten gekühlt gelagert und aufbewahrt werden.

Und jetzt geht's ans Käsen!
Seien Sie mutig und fantasievoll, so wird aus Ihrer ganz persönlichen Käseküche eine kulinarische Spielwiese! Spielen Sie mit den Rezepten und Zutaten! Probieren Sie verschiede Starterkulturen aus! Mischen Sie, was Ihnen in die Finger kommt, essbar ist und mit Käse harmonisiert, in die diversen Käsesorten hinein.

Turbo-Frischkäse

Wenn es ganz schnell gehen soll, weil Sie Gäste erwarten, dann arbeiten Sie auch bei Frischkäsesorten ruhig mit hohen Temperaturen: Säuerungszeit bei 42–45 °C, Stehzeit im Backofen bei niedrigster Temperatur, Einlabzeit ebenfalls im Backofen und großlöchrige Siebe für rasches Abtropfen. Das Ergebnis sind wenig säuerliche, weiche und feinmilde Käsesorten. Noch warm auf frischem Brot, mit etwas Salz und frischen Kräutern bestreut – ein Gedicht ...

Dreimal Frischkäse, dreimal anders: à la Philadelphia, mit Tomaten und mit Kräutern.

Einfacher Milchquark

2 l Vollmilch
6 EL Sauermilch

> Milch auf 30 °C erwärmen
> Sauermilch einrühren
> 48 Std. bei Zimmertemperatur stehen lassen
> Masse kreuz und quer einschneiden
> nach 10 Min. Stehzeit in ein mit Leinen ausgelegtes Sieb schöpfen
> Leinen an den vier Ecken hochnehmen und Molke abfließen lassen
> Abtropfzeit ca. 1–2 Std.

Schneller Quark

2 l Vollmilch
150 g Vollmilchjoghurt
Lab

- Milch auf 40 °C erwärmen
- Joghurt in die Milch einrühren
- 2 Std. bei ca. 35 °C stehen lassen
- Lab nach Herstellerangaben einrühren und alles schnell wieder zum Stillstand bringen
- stehen lassen, bis die Milch eingedickt ist
- Bruchmasse kreuz und quer einschneiden
- 10 Min. stehen lassen
- Masse in ein mit Leinen ausgelegtes Sieb schöpfen
- Leinen an den vier Ecken hochnehmen und Molke abfließen lassen
- Abtropfzeit ca. 2 Std.

Säurearmer Quark, der sehr mild und gut verträglich ist. Gut als Grundlage für Marmelade. Nach zwei Tagen spätestens aufessen.

Quark als Medizin

Hals-, Lungen-, Rippen- oder Rippenfell- und Brustschmerzen: Warme Quarkwickel sollen Wunder wirken und die Entzündung rausziehen.
Gelenkschmerzen, Venenentzündungen, Thromboseprophylaxe: Kühle Quarkauflagen lindern den Schmerz.
Blutreinigung: Täglich 250 g Quark essen.
Insektenstich: Kalter Quarkaufstrich zieht das Gift aus der Stichwunde.
Fieber: Kühle Quarkwickel um die Waden oder Handgelenke senken die Körpertemperatur.

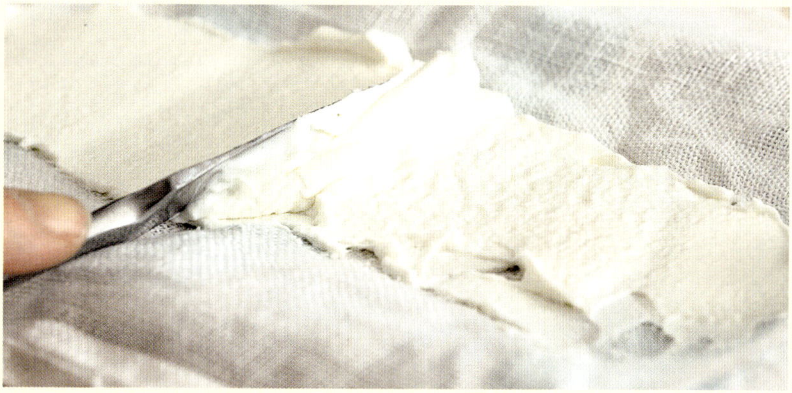

Alternative Heilanwendung mit Quark: der gute alte Wickel.

Frischer geht's nicht – Quark direkt aus der Milchküche.

Buttermilchquark

2 l Magermilch
½ l Buttermilch
Lab

- Milch auf 30 °C erwärmen
- Buttermilch in die Milch rühren
- 2 Std. stehen lassen
- Milch auf 35 °C nachwärmen
- Lab nach Herstellerangaben einrühren und alles schnell wieder zum Stillstand bringen
- 2 Std. bei Zimmertemperatur zugedeckt stehen lassen, bis die Milch eingedickt ist
- Bruch kreuz und quer einschneiden
- Masse in ein mit Leinen ausgelegtes Sieb schöpfen
- Leinen an den vier Ecken hochnehmen und Molke abfließen lassen
- Abtropfzeit ca. 2 Std.

Fettarmer und säurearmer Quark, ideal als Diätgrundlage für süße Aufstriche.

Rahmquark

2 l Vollmilch
200 g Rahm
200 g Sauerrahm
Lab

> Rahm in die Milch einrühren
> alles auf 30 °C erwärmen
> Sauerrahm dazugeben
> 1–2 Std. bei Zimmertemperatur stehen lassen
> Milch auf ca. 35 °C nachwärmen
> Lab nach Herstellerangaben einrühren und alles schnell wieder zum Stillstand bringen
> 2 Std. bei Zimmertemperatur stehen lassen
> ist die Milch eingedickt (eventuell Stehzeit verlängern), Masse kreuz und quer einschneiden
> nach 10 Min. Stehzeit Masse in ein mit Leinen ausgelegtes Sieb schöpfen
> Leinen an den vier Ecken hochnehmen und Molke abfließen lassen
> Abtropfzeit ca. 2–4 Std.

Kleine Delikatesse, die nicht unbedingt als kalorienarm zu bezeichnen ist.

» **Mein Tipp:** Hier passen gut Knoblauch, Nüsse, Samen, Schinkenstreifchen oder Speckwürfel, getrocknete Tomaten oder Oliven als kulinarische Ergänzungen.

Dickmilch-Quark

3 l Wasser
2 l Dickmilch
½ TL Salz

> Wasser zum Kochen bringen
> Dickmilch und Salz zugeben und gut umrühren
> Masse in ein mit Leinen ausgelegtes Sieb schöpfen
> Leinen an den vier Ecken hochnehmen und Molke abfließen lassen
> Abtropfzeit je nach Konsistenzwunsch 2–4 Std.

» **Mein Tipp:** Macht sich gut mit Oliven-Limettenmarinade.

Quark aus Rohmilch

1 l Rohmilch
1 Msp. ProBiDa
Lab

- > Milch auf 35 °C erwärmen
- > ProBiDa einrühren
- > 1–2 Std. bei Zimmertemperatur stehen lassen
- > Lab nach Herstellerangaben einrühren und alles schnell wieder zum Stillstand bringen
- > Milch möglichst 1–2 Std. bei 30 °C warm halten (Backofen)
- > Bruch kreuz und quer einschneiden
- > Masse in ein mit Leinen ausgelegtes Sieb schöpfen
- > Leinen an den vier Ecken hochnehmen und Molke abfließen lassen
- > Abtropfzeit je nach Konsistenzwunsch 2–6 Std.

Gute Grundlage für alle möglichen Dip-Varianten und Brotaufstriche, zum Beispiel mit Peperoni und getrocknete Tomaten. Oder wie wär's mit Rahmmeerrettich und geräucherten Fischstreifchen … ?

Schwedischer Quark

2 l Vollmilch
100 g Rahm
100 g Dickmilch

- > Milch und Rahm auf 38 °C erwärmen
- > Dickmilch einrühren
- > 24 Std. möglichst warm stehen lassen (Heizung)
- > angedickte Masse kreuz und quer einschneiden
- > auskühlen lassen
- > Masse in ein mit Leinen ausgelegtes Sieb schöpfen
- > Leinen an den vier Ecken hochnehmen und Molke abfließen lassen
- > Abtropfzeit etwa 2 Std.

Mit Salz und Pfeffer und frischen Kräutern würzen.

Körniger Weißkäse

1 l Rohmilch
50 g Rahm
3–5 EL Zitronensaft

- > Milch und Rahm erwärmen, bis kurz vor dem Aufkochen
- > vom Herd ziehen
- > Zitronensaft einrühren
- > 10 Min. ruhen lassen
- > Bruchmasse kreuz und quer schneiden
- > Bruch in eine mit Käseleinen ausgelegte Käseform legen
- > Leinen an den vier Ecken hochnehmen und Molke abfließen lassen
- > 2 Std. abtropfen lassen

Guter Grundlagenkäse für viele kulinarische Ideen, zum Beispiel Weißkäse elsässischer Art mit Speckwürfeln und Röstzwiebeln.

Hüttenkäse ...

auch Cottage Cheese genannt, ist eine Besonderheit aufgrund der körnigen Struktur. Er zeichnet sich durch einen geringen Fettgehalt aus und wird in der Diätküche gern eingesetzt.

Fettarmer Hüttenkäse

2 l fettreduzierte Milch
150 g Dickmilch
Lab
4 EL Sauerrahm
Salz

- > Milch auf 30 °C erwärmen
- > Dickmilch einrühren
- > 2–5 Std. warm stehen lassen (Heizung)
- > Lab nach Herstellerangaben einrühren und alles schnell wieder zum Stillstand bringen
- > 2 Std. bei Zimmertemperatur ruhen lassen
- > Bruch scheiden
- > Bruch unter ständigem Rühren auf 50 °C erwärmen
- > Bruch in ein mit Käseleinen ausgelegtes Sieb füllen
- > Leinen an den vier Ecken hochnehmen und Molke abfließen lassen
- > abkühlen lassen
- > Käse in eine Schüssel geben und mit dem Sauerrahm vermischen
- > etwas salzen

Dick gibt's nicht mehr:
Eine Diät mit Hüttenkäse lässt die Pfunde purzeln.

Joghurtkäse nach isländischer Art (Skyr)

1 l Rohmilch
200 g Sauerrahm
Lab

- Milch aufkochen, dann auf 38 °C abkühlen lassen
- Sauerrahm durchrühren und unter die Milch mischen
- Lab nach Herstellerangaben dazugeben, einrühren und Milch schnell wieder stoppen
- 24 Std. bei Zimmertemperatur stehen lassen
- in ein mit Käseleinen ausgelegtes Sieb gießen und 1–2 Std. abtropfen lassen
- vor dem Servieren das Skyr kräftig umrühren

» **Mein Tipp:** Traditionell wird das Skyr mit Blaubeeren und etwas Zucker gegessen. Für Trink-Skyr einfach die Milchmenge verdoppeln und die Molke nur abgießen.

Skyr …

… ist das Nationalgetränk der Isländer und in etwa mit dickflüssigem Joghurt vergleichbar. Es wird dort aus fettarmer Milch gemacht und hat daher hat einen sehr geringen Fettanteil von nur 0,2–0,5 %.

Rahmkörnerkäse

2 l Vollmilch
1 Msp. Flora Danica Kultur
Lab
2–4 EL Rahm

- Milch auf 32 °C erwärmen
- Kultur einrühren
- 1–2 Std. bei möglichst 30 °C stehen lassen
- Lab nach Herstellerangaben einrühren und alles schnell wieder zum Stillstand bringen
- wenn die Milch eingedickt ist, den Bruch unter ständigem Rühren zum Kochen bringen und ca. 2 Std. lang die Molke bei milder Hitze verdampfen lassen
- immer wieder rühren, damit nichts anbrennen kann
- Bruchkörner abkühlen lassen und dann mit dem Rahm vermischen
- falls gewünscht, kann man die Bruchkörner in eine Käseform füllen und 2 Std. pressen

Lecker als süße Variante mit Zimt, Zucker und Apfelmus.

Frischkäse mit ProBiDa

1 l Vollmilch
1 Msp. ProBiDa Kultur
Lab

> Milch auf 35–40 °C erwärmen
> ProBiDa in die Milch einrühren
> 2 Std. bei möglichst 35 °C stehen lassen
> Lab nach Herstellerangaben dazugeben und alles schnell wieder zum Stillstand bringen
> weitere 2 Std. bei ca. 35–40 °C stehen lassen (Backofen)
> Masse in ein mit Leinen ausgelegtes Sieb schöpfen
> Leinen an den vier Ecken hochnehmen und Molke abfließen lassen
> 1 Std. abtropfen lassen

Frischkäse aus Buttermilch

1 l Buttermilch
2 EL Schmand
1 TL Salz

> Buttermilch und Schmand mischen und auf ca. 70 °C erwärmen
> Etwa 2 Std. bei Zimmertemperatur stehen lassen
> Bruch schneiden
> Salz untermengen
> Masse in ein mit Leinen ausgelegtes Sieb abgießen
> Leinen an den vier Ecken hochnehmen und Molke abfließen lassen
> 2–3 Std. abtropfen lassen

Frischkäse mit Crème fraîche

2 l Rohmilch
200 g Crème fraîche
50 g Rahm
½ TL Salz

> Milch bis kurz vor dem Kochen erhitzen
> auf ungefähr 40 °C abkühlen lassen
> Crème fraîche einrühren
> 1–3 Std. stehen lassen
> Salz zugeben und verrühren
> Bruch in eine mit Leinen ausgelegte Käseform schöpfen
> Leinen an den vier Ecken hochnehmen und Molke abfließen lassen
> Abtropfzeit 2 Std.
> Rahm vor dem Verzehr unter die Masse rühren

Wunderbarer Frühstückskäse, passt sowohl unter Salami als auch unter Honig.

Frischkäse mit Zitronensaft

2 l Vollmilch
200 g Rahm
5–6 EL frisch gepresster Zitronensaft
½ TL Salz

> Milch und Rahm mischen
> alles erhitzen bis es kocht, dann vom Herd nehmen
> Zitronensaft dazugeben
> 1 Std. bei Zimmertemperatur stehen lassen, bis die Milch dickgelegt ist
> ½ TL Salz einrühren
> Bruch in eine mit Leinen ausgelegte Käseform schöpfen
> Leinen an den vier Ecken hochnehmen und Molke abfließen lassen
> 5–6 Std. abtropfen lassen
> eventuell für weitere 2 Std. mit 3 kg pressen

Einfaches Rezept für erste Versuche!

» **Mein Tipp:** Der nun fertige Käse lässt sich gut schneiden, so auch panieren und braten – ähnlich wie Tofu.

Käse für strenge Vegetarier – mit Zitrone und ganz ohne Lab geht das!

Buttermilchfrischkäse mit Kognak

1 l Rohmilch
250 g Rahm
1 l Buttermilch
½ TL Salz
ca. 5 EL Kognak

> Milch und Rahm mischen
> alles erhitzen bis es kocht, dann vom Herd nehmen
> 1/2 TL Salz einrühren
> Buttermilch dazugeben
> 3 EL Kognak untermischen
> 1 Std. bei Zimmertemperatur stehen lassen
> falls die Milch nicht genügend eingedickt ist, nochmals erwärmen bis ca. 60 °C und mit 2 EL Zitronensaft oder Weißwein nachhelfen
> Bruch in eine mit Leinen ausgelegte Käseform schöpfen
> Leinen an den vier Ecken hochnehmen und Molke abfließen lassen
> 4 Std. abtropfen lassen
> Käse in ein mit dem verbliebenem Kognak getränktes Tuch legen und 2 Tage durchziehen lassen

Gehaltvoll und fein, zum Beispiel zu Baguette, einem Glas Rotwein und Oliven.

Rahmfrischkäse nach Art Philadelphia

2 l Milch
200 g Rahm
2 EL Dickmilch
1 Msp. ProBiDa
Lab
1 TL Salz

> Milch und Rahm mischen, auf 40 °C erwärmen
> Dickmilch und Kultur einrühren
> 1–2 Std. im Backofen bei 40 °C stehen lassen
> Lab nach Herstellerangaben dazugeben und alles schnell wieder zum Stillstand bringen
> wieder 1–2 Std. bei 40 °C stehen lassen
> Bruch schneiden
> Salz untermischen
> Bruch in eine mit Leinen ausgelegte Käseform schöpfen
> Leinen an den vier Ecken hochnehmen und Molke abfließen lassen
> über Nacht abtropfen lassen

Dieser Käse steht dem echten Philadelphia in keinerlei Weise nach.

La dolce vita … Käse con pomodore.

Frischkäse mit getrockneten Tomaten

1,5 l Vollmilch
4 EL Dickmilch
1 Msp. Alpha 3 Kultur
1 TL Salz
Lab
1 Handvoll getrocknete, klein geschnittene Tomatenstückchen

> Milch auf 36 °C erwärmen
> Dickmilch und Kultur einrühren
> 1–2 Std. im Backofen bei 40 °C stehen lassen
> Lab nach Herstellerangaben dazugeben und alles schnell wieder zum Stillstand bringen
> wieder 1–2 Std. bei 40 °C stehen lassen
> Bruch schneiden
> Salz und Tomaten untermischen
> Bruch in eine mit Leinen ausgelegte Käseform schöpfen
> Leinen an den vier Ecken hochnehmen und Molke abfließen lassen
> ca. 4 Std. abtropfen lassen

Lieblingskäse!

Pikanter Frischkäse mit Gartenkräutern

1 l Vollmilch
100 g Rahm
2 EL Naturjoghurt
Lab
Salz und Pfeffer
je 1 Prise getrockneter Schabzigerklee, Liebstöckel und Schnittlauch

> Milch mit dem Rahm auf 38 °C erwärmen
> Joghurt dazugeben
> 1–2 Std. warm stehen lassen
> Lab nach Herstellerangaben einrühren und alles schnell wieder zum Stillstand bringen
> 1 Std. bei Zimmertemperatur stehen lassen
> Bruch schneiden
> etwas Salz und Pfeffer sowie die Gewürze unter den Käsebruch geben
> Bruch in eine mit Leinen ausgelegte Käseform schöpfen
> Leinen an den vier Ecken hochnehmen und Molke abfließen lassen
> 24 Std. abtropfen lassen

Pikant-würziger Käse, der gut zu dunklem Brot und einem Weizen passt!

Frischkäse mit Joghurt

2 l Vollmilch
200 g Rahm
200 g Naturjoghurt

> Milch und Rahm mischen und auf 45 °C erwärmen
> Joghurt dazumischen
> stehen lassen, bis die Milch dickgelegt ist
> Bruch schneiden
> 10 Min. bei Zimmertemperatur stehen lassen
> Bruch in eine mit Leinen ausgelegte Käseform schöpfen
> Leinen an den vier Ecken hochnehmen und Molke abfließen lassen
> ca. 4 Std. abtropfen lassen

» **Mein Tipp:** Sie können diesen Käse ausrollen und eine Pfefferrolle herstellen, indem Sie auf die ausgerollte Käsemasse reichlich groben Pfeffer streuen und den Käse wieder einrollen.

Leichter Genuss ohne Reue:
Käse mit Kräutern.

Calvadoskäse

1 l Vollmilch
500 g Rahm
150 g Naturjoghurt
Lab
5 EL Calvados
1 TL Salz

> Milch auf 40 °C erwärmen
> Joghurt dazugeben
> 1–2 Std. warm stehen lassen
> Lab nach Herstellerangaben einrühren und alles schnell wieder zum Stillstand bringen
> 1–2 Std. bei Zimmertemperatur stehen lassen
> Bruch schneiden
> 2 EL Calvados und Salz unter den Bruch mischen
> Bruch in eine mit Leinen ausgelegte Käseform schöpfen
> Leinen an den vier Ecken hochnehmen und Molke abfließen lassen
> 24 Std. abtropfen lassen
> den Käse nach dem Ausformen 1 Std. in 15 %iger Salzlake baden
> Käse in ein mit dem restlichen Calvados getränktem Tuch wickeln und ca. 3–5 Tage durchziehen lassen

Würziger Käse, der gut mit Gerichten harmoniert, bei denen mit Äpfeln gekocht wird. Passt auch gut zu Baguette mit süß-pikantem Apfel-Chutney.

Rohmilch-Tomaten-Paprikakäse

2 l Rohmilch
8 EL Dickmilch
Lab
Würzmischung aus je 1 EL getrocknete Tomaten- und Chiliflocken und je ½ TL Paprika rosenscharf und edelsüß
1 TL Salz

> Milch auf 32 °C erwärmen
> Dickmilch dazugeben
> 1–2 Std. warm stehen lassen
> Lab nach Herstellerangaben einrühren und alles schnell wieder zum Stillstand bringen
> 1–2 Std. bei möglichst 32 °C stehen lassen
> Bruch schneiden
> das Salz und die Gewürzmischung untermischen
> Bruch in eine mit Leinen ausgelegte Käseform schöpfen
> Leinen an den vier Ecken hochnehmen und Molke abfließen lassen
> 24 Std. abtropfen lassen
> den Käse nach dem Ausformen 1,5 Std. in 15 %iger Salzlake baden

» **Mein Tipp:** Probieren Sie als Alternative doch einfach eine typisch italienische Gewürzmischung mit Oregano, Knoblauch und Basilikum oder eine indische mit Curry und Kreuzkümmel.

Scharf, schärfer, am leckersten: Frischkäse mit Pfefferschrot.

Eier-Frischkäse

2 l Vollmilch
4 Eier
400 g Dickmilch
2 EL Rahm
Salz

> Eier gut verquirlen
> Milch und Dickmilch dazugeben
> alles auf 90 °C erwärmen
> Topf vom Herd nehmen
> 30 Min. ruhen lassen
> Bruch in eine mit Leinen ausgelegte Käseform schöpfen
> Leinen an den vier Ecken hochnehmen und Molke abfließen lassen
> ca. 2 Std. abtropfen lassen
> Käse in eine Schüssel geben und den Rahm untermischen, etwas salzen

Feine, einweißreiche Delikatesse!

Süßer Rührkäse

2 l Rohmilch
Lab
1 EL Zucker
½ TL Zimt
4 EL Rahm

> Milch aufkochen
> auf 35 °C abkühlen lassen
> Lab nach Herstellerangaben in die Milch mischen und alles fest werden lassen
> Mischung durchrühren und auf niedrigster Temperatur wieder kochen, bis die Molke verdampft ist
> Gemisch vom Herd nehmen
> mit Zucker, Zimt und Rahm vermengen

» **Mein Tipp:** Falls die Mischung zu weich ist, können Sie mit Mehl etwas nachhelfen, damit sie fester wird. Schmeckt fein zu Obstsalat und anderen fruchtig-frischen Desserts.

Rahmfrischkäse mit Kefir

2 l Milch
50 g Rahm
50 ml Kefir
Lab
½ TL Salz

> Milch und Rahm mischen, erwärmen bis 40 °C
> Kefir einrühren
> 10 Min. warm stehen lassen (Backofen)
> Lab nach Herstellerangaben zügig einrühren und alles wieder zum Stillstand bringen
> 2 Std. bei etwa 35 °C stehen lassen
> Bruch schneiden
> Salz untermischen
> Masse in ein mit Leinen ausgelegtes Sieb abgießen
> Leinen an den vier Ecken hochnehmen und Molke abfließen lassen
> 2–4 Std. abtropfen lassen

Wer die Light-Version bevorzugt: einfach den Rahm weglassen.

Originelle Mischungen

Suchen Sie nach originellen Frischkäsemischungen? Gehen wir der französische Sitte nach, alles *à la mode de* zu benennen, denn auch hierzulande hat diese bis heute ihren Charme nicht verloren. Voilà – Frischkäse aus Ihrer Käseküche verfeinert ...

- **à l'américaine:** mit Hummerstückchen, Trüffelscheiben und Mais
- **à la béarnaise:** mit Estragon, Sahne, Weißwein und Ei
- **à la berlinoise:** mit gebratenen Apfelscheiben und Röstzwiebeln
- **à la bretonne:** mit Wein, Tomatenmark und Schalotten
- **à la bourguignonne:** mit Champignons, Speckwürfeln und glasierten Zwiebeln
- **à l'alsacienne:** mit Schinkenstreifchen, gedünsteten Zwiebeln und Sauerrahm
- **à la flamande:** mit Karotten, weißen Rüben und Bacon
- **à la florentine:** mit Blattspinat und Parmesan
- **à la forestière:** mit Morcheln, Speck und Nüssen
- **à la princesse:** mit Spargelspitzen, Trüffeln und Champignons
- **à la bonne femme:** mit Schalotten, frischen Champignons und Petersilie
- **à l'indienne:** mit Curry, Kurkuma, Ingwer und Chilischoten
- **à la julienne:** mit fein geschnittenen Gemüsestreifchen, vor allem Wurzelgemüse
- **à la lyonnaise:** mit in Butter gebräunten Zwiebeln
- **à la milanaise:** mit Butter, geriebenem Parmesan, etwas Schinken (oder Pökelzunge) und Champignons
- **à la marengo:** mit Tomaten, Knoblauch, Flusskrebsen und Weißwein
- **à la meunière:** mit Zitrone, Worcestershiresauce, gebräunter Butter und Petersilie
- **à l'opéra:** mit Hühnerleber, Spargel und einem Schuß Madeira
- **à la polonaise:** mit gehackten Eiern und Madeira
- **à la provençale:** mit Champignons, provenzalischen Kräutern und Knoblauch
- **à la quirinienne:** mit Sardellenstreifen, Oliven und Pesto
- **à la russe:** mit Steinpilzen, Gürkchen, Butter und Sauerrahm
- **à la tyrolienne:** mit gedünsteten Zwiebel- und Tomatenwürfeln
- **à la hongroise:** mit Zwiebeln, Paprika, Paprikaschoten und grünen Kräutern
- **à la viennoise:** mit Kapern, Sardellenpaste und Zitronensaft
- **à la vigneronne:** mit Trauben, Estragon und Weißwein

Ziger aus Schafs- oder Ziegenmolke

2 l Schafs- oder Ziegenmolke vom Vortag (nicht älter)
200 ml Rahm
400 ml Buttermilch
½ TL Salz

> Molke, Rahm und Buttermilch mischen
> unter Rühren auf 80 °C erwärmen, es darf nicht kochen
> Gemisch vom Herd nehmen
> 30 Min. bei Zimmertemperatur stehen lassen
> Bruch in eine mit Käseleinen ausgelegte Form füllen
> Leinen an den vier Ecken hochnehmen und Molke abfließen lassen
> 1–2 Std. abtropfen lassen
> rasch verzehren, spätestens nach 1–2 Tagen

Molkekäse

Früher war er als Arme-Leute-Käse verschrien: Die Molke wurde von dem schlechter gestellten Teil der Bevölkerung niemals weggeschüttet, sondern man trotzte ihr alles ab, um noch Essbares zu gewinnen. Da Molke nicht mehr viel Eiweiß enthält, ist die Ausbeute gering. Heutzutage gilt Molkekäse wie Ricotta oder Ziger als eine Delikatesse ...

Ricotta

2 l Molke vom Vortag (nicht älter)
200 ml Vollmilch
Saft von einer Zitrone

> Molke und Milch mischen, auf 80 °C erwärmen, es darf nicht kochen
> Gemisch vom Herd nehmen
> Saft einrühren
> 1 Std. bei 80 °C im Backofen stehen lassen
> Bruch in eine mit Käseleinen ausgelegte Form füllen
> Leinen an den vier Ecken hochnehmen und Molke abfließen lassen
> 5–6 Std. abtropfen lassen
> rasch verzehren, spätestens nach 1–2 Tagen

Die wertvolle Ziegenmolke von glücklichen Ziegen können Sie gut zu frischem Zieger verwenden.

Ricotta aus dem Thermomix

1 l Vollmilchmolke vom Vortag (nicht älter)
½ l Vollmilch
200 g Rahm
Saft von einer Zitrone

> Molke, Milch und Rahm in der Thermomix-Schüssel mischen und erhitzen
> 10–12 Min. bei 90 °C mit Stufe 1 warm halten
> auf 80 °C runterschalten
> Salz und Zitronensaft untermengen
> 1 Std. bei Zimmertemperatur alles still stehen lassen
> nochmals für 5 Min. auf 90 °C mit Stufe 1 erhitzen
> Bruch in eine mit Käseleinen ausgelegte Form füllen
> Leinen an den vier Ecken hochnehmen und Molke abfließen lassen
> 2–4 Std. abtropfen lassen
> rasch verzehren, da der Ricotta maximal 1–2 Tage haltbar ist

Weichkäse

Klassischer Weichkäse ist durch die Reifung oft kräftiger im Geschmack und häufig schön sämig. Von mildem Camembert über würzigen Blauschimmelkäse bis zum kräftigen Limburger Käse sind alle Geschmacksvarianten vorhanden.

Definiert ist Weichkäse als Käse mit einem Wasseranteil von über 67 % in der fettfreien Käsemasse. Die Reifung verläuft von außen nach innen. Je reifer der Käse ist, desto mehr zeigt er die typische cremige und weiche Konsistenz.

Weichkäsesorten sind oft durch die Zugabe von Edelschimmelkulturen verfeinert: Camembert zum Beispiel mit Weißschimmel, Gorgonzola mit Blauschimmel. Manche, wie zum Beispiel Romadur, Limburger oder Munster, werden mit Rotschmiere behandelt.

» **Mein Tipp:** Wenn Sie ein wenig von gekauftem Schimmelkäse als Kultur verwenden wollen, nehmen Sie etwas von der Rinde – mit einem Juliennereißer (Zestenreißer) geht das besonders gut – und mischen Sie die Streifchen einfach unter den Bruch.

Edler Genuß: Weichkäse mit Pfefferkörnern.

Weichkäse mit Pfefferkörnern

2 l Vollmilch
1 Msp. Alpha 3 Kultur
1 TL Weißschimmelrinde von einem fertigen Käse
½ TL Salz
1 TL grüne Pfefferkörner
Lab

> Milch auf 30 °C erwärmen
> Kultur einrühren
> 1–2 Std. warm stehen lassen (Backofen)
> Lab nach Herstellerangaben einrühren und alles schnell wieder zum Stillstand bringen
> wieder 1–2 Std. warm stehen lassen
> Schimmelrindenstück sehr klein zerteilen (Juliennereißer)
> Bruch schneiden, 10 Min. weiter warm stellen
> Schimmelstückchen mit dem Salz und den Pfefferkörnern unter den Bruch mischen
> Bruch in eine mit Leinen ausgelegte Käseform füllen
> Leinen an den vier Ecken hochnehmen und Molke abfließen lassen
> 12 Std. abtropfen lassen, anschließend mit 3 kg für 12 Std. pressen, einmal dabei wenden
> den Käse nach dem Ausformen 3 Std. in 15 %iger Salzlake baden
> 10–20 Tage reifen lassen, dabei täglich wenden und in der Zeit 3-mal mit Salzlake ringsherum besprühen

Mit knackigen Pfefferkörnern, daher schön würzig.

Weichkäse à la Géramond

2 l Milch
200 g Dickmilch
Lab
ca. 10 g Weißschimmelpilzstückchen von einem Géramond
1 TL Salz

- Milch auf 35 °C erwärmen
- Dickmilch dazugeben
- 1–2 Std. warm stehen lassen
- Lab nach Herstellerangaben einrühren und alles schnell wieder zum Stillstand bringen
- 1–2 Std. bei Zimmertemperatur stehen lassen
- Schimmel sehr klein zerteilen
- Bruch schneiden, 10 Min. nochmals stehen lassen
- Schimmelstückchen mit dem Salz unter den Bruch mischen
- Bruch in eine mit Leinen ausgelegte Käseform füllen
- Leinen an den vier Ecken hochnehmen und Molke abfließen lassen
- 12 Std. abtropfen lassen
- den Käse nach dem Ausformen dick mit Salz einreiben
- vier Wochen bei ca. 10 °C reifen lassen, dabei täglich wenden und in der Zeit 4- bis 6-mal mit Salzlake ringsherum besprühen

Bodenseebrie aus Rohmilch

2 l Rohmilch
2 EL Sauerrahm
Rindenkultur zum Aufsprühen
ein Briestückchen mit etwas Rinde (1 × 1 cm), klein gehackt
Lab
200 ml Bodenseewein

- Milch auf 34 °C erwärmen
- Sauerrahm einrühren
- 1–2 Std. warm stehen lassen (Backofen)
- Lab nach Herstellerangaben einrühren und alles schnell wieder zum Stillstand bringen
- wieder 1–2 Std. warm stehen lassen
- Bruch schneiden
- Briestückchen einrühren
- Bruch in eine mit Leinen ausgelegte Käseform füllen
- Leinen an den vier Ecken hochnehmen und Molke abfließen lassen
- 24 Std. abtropfen lassen
- den Käse nach dem Ausformen 2 Std. in 15 %iger Salzlake aus je 200 ml Wasser und weißem, trockenem Bodenseewein baden
- 2 Tage trocknen lassen
- Käse rundherum mit der Kultur einsprühen
- 10–14 Tage in einer Reifebox reifen lassen, dabei täglich wenden und in der Zeit 2-mal noch mit der Kultur ringsherum besprühen

Würziger Käse mit feinem Weinbouquet.

Ziegenkäse mit süßem Früchtchen – mehr braucht es nicht für feinen Genuss.

Ziegenweichkäse

2 l Ziegenmilch
4 EL Dickmilch
Lab
1 Prise Salz
trockener Weißwein

> Milch auf 29 °C erwärmen
> Dickmilch einrühren
> 1–2 Std. warm stehen lassen (Zimmertemperatur)
> Lab nach Herstellerangaben einrühren und alles schnell wieder zum Stillstand bringen
> wieder 1–2 Std. warm stehen lassen
> Bruch schneiden
> Salz untermengen
> Bruch in eine mit Leinen ausgelegte Käseform füllen
> Leinen an den vier Ecken hochnehmen und Molke abfließen lassen
> 12 Std. abtropfen lassen, wenn die Masse noch zu weich ist 5 Std. mit 1 kg pressen
> den Käse nach dem Ausformen 2 Std. in trockenem Weißwein baden
> 5–10 Tage in einem mit dem Wein getränkten Leinen reifen lassen

Käse à la Camembert

2 l Vollmilch
1 Msp. Omega Kultur (oder Camembertrindenstückchen)
Lab
1 TL Salz

- Milch auf 33 °C erwärmen
- Kultur einrühren
- 1–2 Std. warm stehen lassen (Backofen)
- Lab nach Herstellerangaben einrühren und alles schnell wieder zum Stillstand bringen
- wieder 1–2 Std. warm stehen lassen
- Bruch schneiden
- Salz (und eventuell Camembertrindenstückchen) untermengen
- Bruch in eine mit Leinen ausgelegte Käseform füllen
- Leinen an den vier Ecken hochnehmen und Molke abfließen lassen
- 12 Std. abtropfen lassen
- den Käse nach dem Ausformen 2 Std. in 15 %iger Salzlake baden
- erst 2 Tage bei Raumtemperatur reifen lassen, dann weitere 10–12 Tage in einer Reifebox, dabei täglich wenden und in der Zeit 4-mal mit Salzlake ringsherum besprühen

Weichkäse nach Art Saint Albray

1 l Vollmilch
1 Msp. Kultur Jota 1
½ TL Salz
1 TL Saint-Albray-Rinde, klein geschnitten
Lab

- Milch auf 35 °C erwärmen
- Kultur einrühren
- 1–2 Std. warm stehen lassen (Backofen)
- Lab nach Herstellerangaben einrühren und alles schnell wieder zum Stillstand bringen
- wieder 1–2 Std. warm stehen lassen
- Bruch schneiden
- Salz und Saint-Albray-Rindenstückchen untermengen
- Bruch in eine mit Leinen ausgelegte Käseform füllen
- Leinen an den vier Ecken hochnehmen und Molke abfließen lassen
- 12 Std. abtropfen lassen oder 6 Std. abtropfen lassen und dann mit 3 kg für 1–2 Std. pressen
- den Käse nach dem Ausformen 2 Std. in 15 %iger Salzlake baden
- 5–10 Tage reifen lassen, dabei täglich wenden und in der Zeit 1- bis 2-mal mit Salzlake ringsherum besprühen

Milder, feinwürziger Rotschmierkäse, passt wunderbar zu Baguette und Trauben!

Gestatten, „Jérôme le Bleu“ – der Blaublütige unter den Schimmelkäsesorten.

Blauschimmelkäse

2 l Rohmilch
4 EL Buttermilch
Lab
ca. 15 g Blauschimmelpilzstückchen von einem fertigen Käse (oder 1 Msp. Kultur)
1 TL Salz

- Milch auf 37 °C erwärmen
- Buttermilch dazugeben
- 1–2 Std. warm stehen lassen (Backofen)
- Lab nach Herstellerangaben einrühren und alles schnell wieder zum Stillstand bringen
- 1–2 Std. bei Zimmertemperatur stehen lassen
- Schimmel sehr klein zerteilen
- Bruch schneiden, 10 Min. nochmals stehen lassen
- Schimmelstückchen mit dem Salz unter den Bruch mischen
- Bruch in eine mit Leinen ausgelegte Käseform füllen
- Leinen an den vier Ecken hochnehmen und Molke abfließen lassen
- 12 Std. abtropfen lassen
- mit 3 kg für 1–2 Std. pressen
- den Käse nach dem Ausformen 1 Std. in 15 %iger Salzlake baden
- 14–20 Tage reifen lassen, dabei täglich wenden und in der Zeit 2-mal mit Salzlake ringsherum besprühen

» **Mein Tipp:** Der Käse wird nach etwa 10 Tagen außen bläulich. Wem zu viel Schimmel auf der Außenhaut ist, kann diesen mit einem Sparschäler oder Käsehobel vorsichtig abziehen. Nach innen verteilt sich der Schimmel, wenn Sie den Käse während der Reifung mehrmals mit einem sterilen Nagel anstechen.

Weichkäse Limburger-Art

2 l Milch
je ¼ Msp. Sigma 55 und Ota 1
Lab
1 Rindenstückchen (1 × 3 cm)
von einem Limburger Käse

> Milch auf 42 °C erwärmen
> Kulturen einrühren
> Rindenstück 2–3 Min. in der Milch schwenken, dann wieder herausnehmen, entsorgen oder essen
> 1–2 Std. warm stehen lassen (Zimmertemperatur)
> Lab nach Herstellerangaben einrühren und alles schnell wieder zum Stillstand bringen
> wieder 1–2 Std. warm stehen lassen
> Bruch schneiden
> Bruch in eine mit Leinen ausgelegte Käseform füllen
> Leinen an den vier Ecken hochnehmen und Molke abfließen lassen
> 4 Std. abtropfen lassen, 6 Std. mit 3 kg pressen, einmal dabei wenden
> 3 Std. den Käselaib in 15 %iger Salzlake baden
> Käse in Frischhaltefolie wickeln und 10–14 Tage im Kühlschrank reifen lassen

Kräftiger Käse, der harmloser aussieht als er tatsächlich ist.

Harzer Kümmelkäse

1 kg Quark
1 TL Haushaltsnatron
1 TL Salz
1–2 EL Kümmel

> Quark mit allen Zutaten mischen
> aus der Masse kleine Taler formen (Durchmesser 5–6 cm)
> auf einem Gitterrost 7–10 Tage bei 15 °C reifen lassen

Harzer und Kochkäse werden mit Haushaltsnatron gemacht.

tig und hilfsbereit
Für Küche,
Haus und Reise
Natriumhydrogencarbonat
Kaiser
Natron

Kochkäse mit Rahm

100 g Butter
200 g Rahm
300 g Quark
1 TL Haushaltsnatron
Kümmel, Salz, Pfeffer

> Butter und Rahm mischen, bei geringer Hitze schmelzen und einmal aufkochen lassen
> Topf vom Herd nehmen
> Quark dazugeben
> Natron unterrühren (Achtung, der Quark geht hoch!)
> nach Belieben würzen
> in eine Schüssel mit Deckel füllen
> über Nacht abkühlen lassen

Kochkäse mit Ei

500 g Quark
1 TL Hauhaltsnatron
2 EL Butter
2 EL Schmand oder Ähnliches
1 EL Kümmel
Salz und Pfeffer
2 Eigelb

> Quark über Nacht abtropfen lassen
> mit Natron mischen und zugedeckt 2–3 Tage ziehen lassen, bis er glasig aussieht
> Butter in einem Topf schmelzen
> Quark zugeben, etwas eindicken lassen
> Topf vom Herd nehmen
> Schmand einrühren
> mit Kümmel, Salz und Pfeffer abschmecken
> zum Schluss rohes Eigelb unterrühren und den Käse rasch aufbrauchen

» **Mein Tipp:** Wer ungern rohe Eier verwendet, kann das Eigelb auch gekocht und fein zerkrümelt zugeben.

Kochkäse Limburger-Art

1 EL Butter
120 g Schmand
120 g Quark
250 g Limburger Käse
2 TL Kümmel

> Butter, Schmand, Quark und Käse schmelzen
> Kümmel untermischen
> Masse kühl stellen

Handkäse

1 kg Rahmquark
1 TL Haushaltsnatron
1 TL Salz
1 TL weiche Butter

> Quark ca. 10 Std. austropfen lassen
> Natron untermischen
> 2 Tage bei ca. 15 °C stehen lassen
> Salz und Butter einrühren
> Masse zu kleinen Käselaiben formen und 5–7 Tage bei Zimmertemperatur auf einem Gitterrost reifen lassen

Alpenländer Sauermilchkäse

1 l Dickmilch
10 g Butter
50 g Rahm
50 g Quark
2 EL Zitronensaft
¼ TL Salz
1 TL Kümmel
Rotschmierekultur speziell für die Außenschicht (entweder fertige Sprühkultur oder (2 × 2 cm) Rinde winzig klein gehackt und mit 100 ml Salzlake gemischt)

> Dickmilch, Butter, Rahm und Quark in einem Topf auf etwa 85 °C erhitzen
> Zitronensaft und Salz untermischen
> 10 Min. bei Zimmertemperatur stehen lassen
> Kümmel unter den Bruch geben, umrühren
> Bruch in ein mit Käseleinen ausgelegtes Sieb schöpfen
> 2–4 Std. abtropfen lassen
> mit Rotschmierekultur bestreichen
> Reifezeit etwa 14 Tage, dabei mehrmals mit der Rotschmiere behandeln

Sauermilchkäse

Eine Besonderheit unter den Weichkäsesorten sind die Sauermilchkäsearten, die meist aus Dickmilch und/oder Magerquark hergestellt werden. Sie sind besonders kalorienarm wie eiweißreich.
Bei deren Herstellung wird die Gerinnung in der Regel nicht durch Lab, sondern durch Säure und Wärme herbeigeführt. Der abgetropfte Bruch wird gewürzt und zu kleinen Laiben geformt. Ein typisches Gewürz dafür ist Kümmel. Sauermilchkäse ist zunächst etwas krümelig und wird später kompakt-elastisch, gelblich und würzig.

Schnittkäse und halbfester Schnittkäse

Als Schnittkäse bezeichnet man Käsesorten, die sich gut – welch Wunder – in Scheiben schneiden lassen. Auch die Beschaffenheit ist geschmeidiger als bei Hartkäse, die Geschmacksvariationen sind hier vielfältig von mild bis kräftig.

Die Reifezeit ist kürzer als bei Hartkäsesorten (im Schnitt 4–12 Wochen) und der Wassergehalt höher. Typische Vertreter sind Edamer, Gouda und Tilsiter, Fol Epi und Butterkäse.

Kräutersalzkäse

2 l Vollmilch
1 Msp. Kultur für Joghurt
Lab
1 TL Kräutersalz

- Milch auf 42 °C erwärmen
- Joghurtkultur dazugeben
- 1–2 Std. warm stehen lassen (Backofen)
- Lab nach Herstellerangaben einrühren und alles schnell wieder zum Stillstand bringen
- erneut 1–2 Std. warm stehen lassen
- Bruch schneiden
- Bruch bei 55 °C 30 Min. brennen
- Kräutersalz unter den Käsebruch mischen
- Bruch in eine mit Leinen ausgelegte Käseform füllen
- Leinen an den vier Ecken hochnehmen und Molke abfließen lassen
- 2 Std. austropfen lassen, dann pressen, 2 Std. mit 3 kg, 24 Std. mit 6 kg, 24 Std. mit 9 kg
- das Wenden nicht vergessen – erstmals nach 30 Min., dann nach 1, 2, 4 und nochmals nach 8 Std., anschließend alle 12 Std.
- den Käse nach dem Ausformen 2 Std. in 20 %iger Salzlake baden
- Reifezeit mindestens 6 Wochen, 2-mal wöchentlich mit Salz abreiben

Mild und fein im Geschmack.

Kräutersalzkäse frisch aus dem Tuch.

Rohmilchkäse mit Bockshornkleesamen

3 l Rohmilch
1 Msp. Flora Danica Kultur
Lab
1 TL Salz
1 EL Bockshornkleesamen

> Milch auf 35–37 °C erwärmen
> Kultur dazugeben
> 1–2 Std. warm stehen lassen (Backofen)
> Lab nach Herstellerangaben einrühren und alles schnell wieder zum Stillstand bringen
> 1–2 Std. warm stehen lassen
> Bruch schneiden
> Bruch bei 70 °C 30 Minuten brennen
> Salz und die Samen unter den Käsebruch mischen
> Bruch in eine mit Leinen ausgelegte Käseform füllen
> Leinen an den vier Ecken hochnehmen und Molke abfließen lassen
> 6 Std. abtropfen lassen, dann pressen, 2 Std. mit 3 kg, 9 Std. mit 6 kg
> das Wenden nicht vergessen – erstmals nach 30 Min., dann nach 1, 2, 4 und nochmals nach 6 Std.
> den Käse nach dem Ausformen 4 Std. in 20 %iger Salzlake baden
> Reifezeit mindestens 4 Wochen, 2-mal wöchentlich mit Salz abreiben

Würziger Käse mit intensivem Bockshornkleegeschmack.

Rohmilchkäse mit Schnittlauch

3 l Rohmilch
300 g Joghurt
Lab
1 TL Salz
2 EL gerebelter Schnittlauch

- > Milch auf 40 °C erwärmen
- > Joghurt dazugeben
- > 1–2 Std. warm stehen lassen (Backofen)
- > Lab nach Herstellerangaben einrühren und alles schnell wieder zum Stillstand bringen
- > 1–2 Std. warm stehen lassen
- > Bruch schneiden
- > Bruch bei 80 °C 20 Min. brennen
- > Salz und Schnittlauch unter den Käsebruch rühren
- > Bruch in eine mit Leinen ausgelegte Käseform füllen
- > Leinen an den vier Ecken hochnehmen und Molke abfließen lassen
- > 4 Std. abtropfen lassen, dann pressen, 2 Std. mit 3 kg, 24 Std. mit 6 kg, 20 Std. mit 9 kg
- > das Wenden nicht vergessen – erstmals nach 30 Min., dann nach 1, 2, 4 und nochmals nach 8 Std., anschließend alle 12 Std.
- > den Käse nach dem Ausformen 3 Std. in 20 %iger Salzlake baden
- > 30–40 Tage reifen lassen, dabei täglich wenden und in den ersten beiden Wochen 5-mal mit Salzlake ringsherum besprühen, später genügt 1-mal wöchentlich

Pasteurisieren? Kalziumchlorid verwenden?

Bevor Sie mit dem Käsen anfangen, sollten Sie überlegen, ob Sie eventuell die Rohmilch pasteurisieren wollen und/oder vielleicht auch die Zugabe von Kalziumchlorid, falls Sie wärmebehandelte Milch für Schnitt- und Hartkäsesorten verwenden wollen (Seite 14). In den nachfolgenden Rezepten wird weder das eine noch das andere erneut aufgeführt.

Walnusskäse

2,5 l Vollmilch
1 Msp. Delta 1 Kultur
1 TL Salz
Lab
2 EL grob gehackte Walnüsse

> Milch auf 32 °C erwärmen
> Kultur dazugeben
> 1–2 Std. warm stehen lassen (Backofen)
> Lab nach Herstellerangaben gründlich einrühren und alles schnell wieder zum Stillstand bringen
> erneut 1–2 Std. warm stehen lassen
> Bruch schneiden
> Bruch bei 55 °C 30 Min. brennen
> Salz und die Nüsse unter den Käsebruch geben
> Bruch in eine mit Leinen ausgelegte Käseform füllen
> Leinen an den vier Ecken hochnehmen und Molke abfließen lassen
> 2–4 Std. austropfen lassen, dann pressen, 2 Std. mit 3 kg, 12 Std. mit 6 kg, 24 Std. mit 9 kg
> das Wenden nicht vergessen – erstmals nach 30 Min., dann nach 1, 2, 4 und nochmals nach 8 Std., anschließend alle 12 Std.
> den Käse nach dem Ausformen 3 Std. in 20 %iger Salzlake baden
> Reifezeit mindestens 4 Wochen, 2-mal wöchentlich mit Salz abreiben

Liebhaberstück!

Schimmel unter der Käseglocke verhindern

Legen Sie ein Stück Zucker oder ein Schälchen mit etwas Salz unter die Glocke. Beides saugt zu starke Feuchtigkeitsbildung auf und verhindert damit die Schimmelbildung!

Walnusskäse – der kleine raffinierte Verführer.

Käse nach Cheddar-Art

2 l Vollmilch
200 g Sauerrahm
Lab
1 TL Salz
einfaches Speiseöl

> Milch auf 31 °C erwärmen
> Rahm dazugeben
> 1–2 Std. warm stehen lassen (Backofen)
> Lab nach Herstellerangaben gründlich einrühren und alles schnell wieder zum Stillstand bringen
> 2 Std. warm stehen lassen
> Bruch in Scheiben schneiden
> Bruch 30 Min. bei 65 °C brennen
> Bruch Scheibe für Scheibe übereinander in eine mit Leinen ausgelegte, kastige Käseform füllen
> 24 Std. abtropfen lassen, dabei mehrmals die Schichten wenden
> Salz mit den Händen untermischen und den Bruch dabei zerreiben, erneut in die Form füllen
> dann den Käse pressen, erst 12 Std. mit 6 kg, dann nochmals 12 Std. mit 9 kg
> das Wenden nicht vergessen – erstmals nach 30 Min., dann nach 1, 2, 4 und nochmals nach 8 Std., anschließend alle 12 Std.
> den Käse nach dem Ausformen mit Öl abreiben
> Reifezeit mindestens 4 Wochen bei ca. 10 °C, 2-mal wöchentlich mit Salz abreiben

» **Mein Tipp:** Für Cheddar mit Salbei einfach zusammen mit dem Salz etwas Salbeipaste untermischen. Der Käse bekommt dadurch eine grünliche Färbung.

Mit Tomatensaft ist der Käse leicht gefärbt und schmeckt frisch und tomatig.

Käse mit Tomatensaft

2 l Vollmilch
3 EL Dickmilch
1 Msp. Flora Danica Kultur
Lab
2 TL Salz
1 EL getrocknete Tomatenflocken
100 ml Tomatensaft

- Milch auf 36 °C erwärmen
- Kultur dazugeben
- 1–2 Std. warm stehen lassen (Backofen)
- Lab nach Herstellerangaben gründlich einrühren und alles schnell wieder zum Stillstand bringen
- erneut 1–2 Std. warm stehen lassen
- Bruch schneiden
- Bruch bei 55 °C 30 Min. brennen
- Salz, Flocken und Saft dazugeben
- Bruch in eine mit Leinen ausgelegte Käseform füllen
- Leinen an den vier Ecken hochnehmen und Molke abfließen lassen
- 12 Std. austropfen lassen, dann pressen, 2 Std. mit 3 kg, 12 Std. mit 6 kg, 12 Std. mit 9 kg
- das Wenden nicht vergessen – erstmals nach 30 Min., dann nach 1, 2, 4 und nochmals nach 8 Std., anschließend alle 12 Std.
- den Käse nach dem Ausformen 3 Std. in 20 %iger Salzlake baden
- Reifezeit mindestens 4 Wochen, 2-mal wöchentlich mit Salz abreiben

» **Mein Tipp:** Tomatenaroma und Färbung sind hier dezent, für eine kräftigere Tönung und intensiveren Geschmack statt Saft Tomatenmark dazumischen.

Einfacher Schnittkäse

2 l Vollmilch
1 Msp. Kappa 3 Kultur
Lab
1 TL Salz

- Milch auf 35 °C erwärmen
- Kultur dazugeben
- 1–2 Std. warm stehen lassen (Backofen)
- Lab nach Herstellerangaben gründlich einrühren und alles schnell wieder zum Stillstand bringen
- erneut 1–2 Std. warm stehen lassen
- Bruch schneiden
- Bruch bei 50 °C 30 Min. brennen
- Salz dazugeben
- Bruch in eine mit Leinen ausgelegte Käseform füllen
- Leinen an den vier Ecken hochnehmen und Molke abfließen lassen
- 12 Std. austropfen lassen, dann pressen, 2 Std. mit 3 kg, 12 Std. mit 6 kg, 12 Std. mit 9 kg
- das Wenden nicht vergessen – erstmals nach 30 Min., dann nach 1, 2, 4 und nochmals nach 8 Std., anschließend alle 12 Std.
- den Käse nach dem Ausformen 3 Std. in 20 %iger Salzlake baden
- Reifezeit mindestens 6 Wochen, 2-mal wöchentlich mit Salz abreiben

Kann man Käserinden essen?

Manche ja, manche nein. Kunstrinden aus Folie, Wachs oder Paraffinen sind ungenießbar.
Natürlich gereifte Käserinden sind essbar und manchmal sogar für den Käsegenuss noch das i-Tüpfelchen schlechthin. Rinden von selbst gemachten Rohmilchkäsesorten sollten Sie lieber wegschneiden – hier könnte sich unguter Fremdschimmel angesiedelt haben. Grundsätzlich sollte fremder Schimmel, der sichtbar ist, großzügig entfernt werden, bevor man den Käse isst.

Schnittkäse mit Schabzigerklee

2,5 l Vollmilch
2 EL Joghurt
1 Msp. Delta 1 Kultur
Lab
1 EL Schabzigerklee gerebelt
2 TL Salz

> Milch auf 40 °C erwärmen
> Joghurt und Kultur dazugeben
> 1–2 Std. warm stehen lassen (Backofen)
> Lab nach Herstellerangaben gründlich einrühren und alles schnell wieder zum Stillstand bringen
> erneut 1–2 Std. warm stehen lassen
> Bruch schneiden
> Bruch bei 50 °C 30 Min. brennen
> Salz und Schabzigerklee dazugeben
> Bruch in eine mit Leinen ausgelegte Käseform füllen
> Leinen an den vier Ecken hochnehmen und Molke abfließen lassen
> 12 Std. austropfen lassen, dann pressen, 2 Std. mit 3 kg, 12 Std. mit 6 kg, 12 Std. mit 9 kg
> das Wenden nicht vergessen – erstmals nach 30 Min., dann nach 1, 2, 4 und nochmals nach 8 Std., anschließend alle 12 Std.
> den Käse nach dem Ausformen 4 Std. in 20 %iger Salzlake baden
> Reifezeit mindestens 6 Wochen, 2-mal wöchentlich mit Salz abreiben

Der typische Geschmack ist unaufdringlich aber leicht zu schmecken.

Weinkäse

2 l Vollmilch
500 ml frische Buttermilch
100 ml trockener Weißwein
1 TL Salz

> Milchsorten mischen, alles auf 95 °C erhitzen
> Wein und Salz einrühren
> Masse in eine mit Leinen ausgelegte Form schöpfen
> Leinen an den vier Ecken hochnehmen und Molke abfließen lassen
> 2–4 Std. abtropfen lassen, anschließend 12 Std. mit 1 kg pressen
> 4 Std. Salzbaden in einer Salzlake aus 100 g Salz und jeweils 250 g Wasser und trockenem Weißwein
> Leinen immer wieder mit Lake tränken, damit es schön feucht bleibt und den Käselaib 4–6 Wochen darin reifen lassen

Käse mit mildem Weingeschmack.

Hartkäse

Hartkäsesorten definieren sich durch eine hohe Trockenmasse. Sie haben zudem die längste Reifezeit aller Käsesorten – sie liegt, je nach Sorte, zwischen drei Monaten und über drei Jahren. Dafür wird der Geduldige mit intensivem Aroma belohnt.

Der Wassergehalt in der fettfreien Käsemasse liegt bei diesen Sorten unter 56 %. Zu den Hartkäsesorten zählen zum Beispiel Emmentaler, Greyerzer, Comté, Jurassic, Sbrinz, Bergkäse, Chester, Parmesan und Pecorino.

Käse nach Emmentaler-Art

3 l Milch
4 EL Buttermilch
1 Msp. Propioni-Standard-Kultur
Lab
2 TL Salz

> Milch auf 42 °C erwärmen
> Buttermilch und Kultur einrühren
> 1–2 Std. warm stehen lassen (Backofen)
> Lab nach Herstellerangaben gründlich einrühren und alles schnell wieder zum Stillstand bringen
> erneut 1–2 Std. warm stehen lassen
> Bruch schneiden
> Bruch bei 65 °C 30 Min. brennen
> Salz einrühren
> Bruch in eine mit Leinen ausgelegte Käseform füllen
> Leinen an den vier Ecken hochnehmen und Molke abfließen lassen
> 6 Std. austropfen lassen, dann pressen, 2 Std. mit 3 kg, 12 Std. mit 6 kg, 12 Std. mit 9 kg, 12 Std. mit 15 kg
> das Wenden nicht vergessen – erstmals nach 30 Min., dann nach 1, 2, 4 und nochmals nach 8 Std., anschließend alle 12 Std.
> den Käse nach dem Ausformen 4 Std. in 20 %iger Salzlake baden
> Reifezeit mindestens 6–12 Wochen bei etwa 15 °C, eventuell in Käsewachs oder 2-mal wöchentlich mit Salz abreiben

Milder Alpkäse

4 l Vollmilch
50 g Rahm
4 EL Naturjoghurt
Lab
1 TL Salz

> Milch und Rahm auf 45 °C erwärmen
> Joghurt dazugeben
> 1–2 Std. warm stehen lassen (möglichst über 30 °C)
> Lab nach Herstellerangaben gründlich einrühren und alles schnell wieder zum Stillstand bringen
> erneut 1–2 Std. warm stehen lassen
> Bruch schneiden
> Bruch bei 55 °C 30 Min. brennen
> Salz einrühren
> Bruch in eine mit Leinen ausgelegte Käseform füllen
> Leinen an den vier Ecken hochnehmen und Molke abfließen lassen
> 8 Std. austropfen lassen, dann pressen, 2 Std. mit 3 kg, 10 Std. mit 6 kg, 15 Std. mit 9 kg, 10 Std. mit 15 kg
> das Wenden nicht vergessen – erstmals nach 30 Min., dann nach 1, 2, 4 und nochmals nach 8 Std., anschließend alle 12 Std.
> den Käse nach dem Ausformen 3 Std. in 15 %iger Salzlake baden
> Reifezeit mindestens 8–12 Wochen, 2-mal wöchentlich mit Salz abreiben

Nordischer Butterkäse

1,5 l Milch
50 g Butter
150 g Rahm
2 EL Crème fraîche
4 EL Dickmilch
5 g Zitronensäure
Lab
1 TL Salz

> Milch, Butter und Rahm auf 36 °C erwärmen
> Crème fraîche und Dickmilch dazugeben
> 1–2 Std. warm stehen lassen (möglichst über 30 °C)
> Zitronensäure in etwas Wasser auflösen und mit dem Lab (nach Herstellerangaben) gründlich in die Milch einrühren und alles wieder zum Stillstand bringen
> wieder 1–2 Std. warm stehen lassen
> Bruch schneiden
> Bruch bei 65 °C 30 Min. brennen
> Salz einrühren
> Bruch in eine mit Leinen ausgelegte Käseform füllen
> Leinen an den vier Ecken hochnehmen und Molke abfließen lassen
> 4 Std. austropfen lassen, dann pressen, 2 Std. mit 3 kg, 9 Std. mit 6 kg
> das Wenden nicht vergessen – erstmals nach 30 Min., dann nach 1, 2, 4 und nochmals nach 8 Std.
> den Käse nach dem Ausformen 3 Std. in 20 %iger Salzlake baden
> Reifezeit mindestens 12 Wochen, 2-mal wöchentlich mit Salz abreiben

Celler Bergkäse

4 l Vollmilch
3 EL Schmand
1 Msp. Kappa 3 Kultur
1 Msp. Sigma 55 Kultur
Lab

> Milch auf 42 °C erwärmen
> Schmand und Kulturen dazugeben
> 1–2 Std. warm stehen lassen (möglichst über 30 °C)
> Lab nach Herstellerangaben gründlich einrühren und alles schnell wieder zum Stillstand bringen
> erneut 1–2 Std. warm stehen lassen
> Bruch schneiden
> Bruch bei 65 °C 30 Min. brennen
> Bruch in eine mit Leinen ausgelegte Käseform füllen
> Leinen an den vier Ecken hochnehmen und Molke abfließen lassen
> 2 Std. austropfen lassen, dann pressen, 2 Std. mit 3 kg, 12 Std. mit 6 kg, 12 Std. mit 9 kg, 12 Std. mit 15 kg
> das Wenden nicht vergessen – erstmals nach 30 Min., dann nach 1, 2, 4 und nochmals nach 8 Std., anschließend alle 12 Std.
> den Käse nach dem Ausformen 4 Std. in 20 %iger Salzlake baden
> Reifezeit mindestens 8–10 Wochen, 2-mal wöchentlich mit Salz abreiben

Bergkäse in Celle – ein kleiner Widerspruch in sich. Doch der Käse, in der Straße *Am Berge* gefertigt, wird dem Namen gerecht.

Parmesan? Nein, besser!
Selbst gemachter Bergkäse!

Schwarzwälder

3 l Milch
100 g Sauerrahm
4 EL Joghurt
Lab
1 TL Salz
2 EL Räucherspeckwürfel (aus dem Schwarzwald; alternativ Kräuter oder Nüsse)
Schwarzwälder Kirschwasser

> Milch auf 32 °C erwärmen
> Sauerrahm und Joghurt dazugeben
> 1–2 Std. warm stehen lassen (möglichst über 30 °C)
> Lab nach Herstellerangaben einrühren und alles schnell zum Stillstand bringen
> wieder 1–2 Std. warm stehen lassen
> Bruch schneiden
> Bruch bei 65 °C 30 Min. brennen
> Salz und Speckwürfel einrühren
> Bruch in eine mit Leinen ausgelegte Käseform füllen
> Leinen an den vier Ecken hochnehmen und Molke abfließen lassen
> 12 Std. bei Zimmertemperatur austropfen lassen, dann pressen, 2 Std. mit 3 kg, 9 Std. mit 6 kg, 12 Std. mit 15 kg
> das Wenden nicht vergessen – erstmals nach 30 Min., dann nach 1, 2, 4 und nochmals nach 8 Std.
> den Käse nach dem Ausformen 5 Std. in 20 %iger Salzlake baden
> Reifezeit bei möglichst 10–12 °C ca. 3–4 Monate, 3-mal wöchentlich mit Schnaps abreiben

Bärlauchkäse

2 l Milch
200 ml Buttermilch
Lab
1 TL Salz
1 EL gerebelter Bärlauch
Schweineschmalz

> Milch auf 30 °C erwärmen
> Buttermilch dazugeben
> 1–2 Std. warm stehen lassen (30 °C)
> Lab nach Herstellerangaben einrühren und alles schnell wieder zum Stillstand bringen
> erneut 1–2 Std. warm stehen lassen
> Bruch schneiden
> Bruch bei 50 °C 30 Min. brennen
> Salz und Bärlauch einrühren
> Bruch in eine mit Leinen ausgelegte Käseform füllen
> Leinen an den vier Ecken hochnehmen und Molke abfließen lassen
> 2 Std. bei Zimmertemperatur austropfen lassen, dann pressen, 2 Std. mit 3 kg, 12 Std. mit 6 kg, 12 Std. mit 9 kg
> das Wenden nicht vergessen – erstmals nach 30 Min., dann nach 1, 2, 4 und nochmals nach 8 Std., anschließend alle 12 Std.
> den Käse nach dem Ausformen 4 Std. in 20 %iger Salzlake baden
> nach dem Trocknen in ein trockenes Leinen wickeln
> Reifezeit 6–8 Wochen bei 12–15 °C, 3-mal wöchentlich auswickeln und mit Schmalz und Salz einreiben

Hübsch verpackt ist Hartkäse immer ein tolles Geschenk, das lange hält!

Käse nach Gouda-Art

2 l Milch
500 g Rahm
1 Msp. Choozit Flav 43 Kultur
Lab
1 TL Salz

- Milch und Rahm mischen, auf 33 °C erwärmen
- Kultur dazugeben
- 1–2 Std. warm stehen lassen (30 °C)
- Lab nach Herstellerangaben einrühren
- wieder 1–2 Std. warm stehen lassen
- Bruch schneiden
- 2 l 70 °C heißes Wasser dazugießen, 15 Min. stehen lassen
- Salz dazugeben
- Bruch in eine mit Leinen ausgelegte Käseform füllen
- Leinen an den vier Ecken hochnehmen und Molke abfließen lassen
- 3 Std. bei Zimmertemperatur austropfen lassen, dann pressen, 3 Std. mit 3 kg, 4 Std. mit 6 kg, 4 Std. mit 9 kg und schließlich 4 Std. mit 15 kg
- das Wenden nicht vergessen – erstmals nach 30 Min., dann nach 1, 2, 4 und nochmals nach 8 Std., anschließend alle 12 Std.
- den Käse nach dem Ausformen 4 Std. in 20 %iger Salzlake baden
- nach dem Bad mit Schmalz einreiben
- Reifezeit mindestens 10 Wochen bei ca. 12 °C, 1-mal wöchentlich mit Salz abreiben

Sonstige Käsearten

Pasta Filata, Schmelzkäse und Lakenkäse nehmen eine Sonderstellung in der Käserei ein, da ihr Herstellungsprozess ganz eigen ist. Auch sie lassen sich leicht in der eigenen Küche zaubern.

Pasta Filata

Für den typischen Pasta-Filata-Käse – die Ursprünge liegen in Italien – muss der Käsebruch zunächst ruhen, bevor er dann aus der Molke genommen und mit mindestens 80 °C heißem Wasser überbrüht wird. Daher nennt man diese Käseart auch Brühkäse. Danach wird er unter Rühren, Kneten und Ziehen zu einem weichen und formbaren Teig verarbeitet. Davon werden gleichmäßige Stücke abgetrennt (das nennt man im Italienischen „mozzare") und zu Kugeln, Zöpfen oder birnenförmigen Gebilden geformt.

Zum Abkühlen kommen diese in ein kaltes Wasserbad und werden dann in Salzlake oder Molke gelegt (streng gesehen, zählen diese Käsearten also auch zu den Lakenkäsesorten), mache werden auch geräuchert. Die bekanntesten Vertreter sind Mozzarella und Provolone.

Ideen für Mozzarella-Aroma-Bouquets

Lachs-Meerrettich
Knoblauch-Tomate
Speck-Zwiebel
Walnuss-Peperoni
Chili-Olive
Curry-Kreuzkümmel
Dill-Forelle
Schinken-Wacholder
Schabzigerklee-Schnittlauch
Rosmarin-Salami
Hühnchenbrust-Wein
Calavdos-Apfel
Portwein-Pfeffer

Dem 500-jährigen Erfinder sei Dank: Der milde Mozzarella kommt auch heute gut an.

Mozzarella aus Rohmilch

1 l Rohmilch
1 Msp. LaBiDa Kultur
2 EL Zitronensaft
Lab

> Milch auf 30 °C erwärmen
> Kultur dazugeben, Milch warm halten (Backofen)
> Lab nach Herstellerangaben einrühren und alles schnell wieder zum Stillstand bringen
> Milch möglichst 1–2 Std. warm halten
> Bruch schneiden und 1 Std. ruhen lassen
> Masse in ein mit Leinen ausgelegtes Sieb schöpfen
> Leinen an den vier Ecken hochnehmen und Molke abfließen lassen (Molke nicht wegschütten)
> 12 Std. abtropfen lassen
> Leinen zuknoten und 45 Min. bei 80 °C brühen
> aus dem Käseleib kleine Kugeln formen
> für die Lagerung Lake herstellen mit 1 TL Salz und je 250 ml Wasser und Molke
> in der Lake lagern

Weicher und cremiger Mozzarella, jetzt fehlen dazu nur noch aufgeschnittene Tomatenscheiben, Basilikumblättchen und etwas Pinienkernpesto.

Rahm-Mozzarella

2 l Vollmilch
200 g Rahm
1 Msp. Delta 1 Kultur
Lab

- Milch und Rahm mischen
- auf 38 °C erwärmen
- Kultur dazugeben
- Lab nach Herstellerangaben einrühren und alles schnell wieder zum Stillstand bringen
- 1–2 Std. auf 38 °C halten
- Bruch schneiden
- 30 Min. warm stehen lassen (Backofen)
- Bruch entnehmen (Molke nicht wegschütten) und mit kochendem Wasser überbrühen
- kleine Kugeln formen und diese in kaltem Wasser 10 Min. lang abschrecken
- in milder Salzlake (250 ml kalte Molke, 500 ml Wasser, 5 g Salz) lagern – mehrere Monate haltbar

Würzige Ölmarinade für eingelegte Mozzarellawürfelchen

100 ml Olivenöl
je ein Zweig von Rosmarin, Salbei, Thymian, Estragon
je 1 EL Pfefferkörner, Pimentkörner und Wachholderbeeren
1 TL Senfsaat
je 2 Lorbeerblätter und Nelken
je 1 grob gehackte Zwiebel und Knoblauchzehe

Schmelzkäse

Genau genommen ist Schmelzkäse nur eine Weiterverarbeitung von Käse, denn er wird nicht aus frischer Milch, sondern aus fertig gereiftem Käse erzeugt. Zur Herstellung wird Käse zerkleinert, mit Schmelzsalzen und Wasser gemischt und unter ständigem Rühren erhitzt, bis die Masse flüssig ist (bei Temperaturen zwischen 90° und 95 °C). Dann wird die Käsemasse in Formen abgefüllt. Sie erstarrt bei etwa 30 °C.

Früher hat man auf diese Weise fehlerhaften Käse sinnvoll weiterverarbeitet, heute ist das in der häuslichen Küche eine ideale Verarbeitungsmöglichkeit (auch ohne Schmelzsalze) zur Resteverwertung.

Schmelzkäse Natur

130 g Käsereste aller Art
50 g Rahm
1 EL Butter
1 EL Crème fraîche
Gewürze und Kräuter nach Geschmack

- Hartkäse reiben, Weichkäse klein scheiden, Schimmelkäse bröckeln
- Käse, Rahm und Butter in einen Topf geben und erwärmen, bis alles geschmolzen ist
- Gewürze und Kräuter nach Geschmack zumischen
- Crème fraîche untermischen
- alles (eventuell durch ein Sieb) in eine Form füllen und kalt stellen

Freiburger Käseresteaufstrich

2 Handvoll Käsereste aller Art
2 EL weiche Butter
½ TL Schabzigerklee oder andere Gewürze
1 TL Sherry
2 EL Schmand
2 EL Möhrensaft
Pfeffer aus der Mühle

- Hartkäse reiben, Weichkäse klein scheiden, Schimmelkäse bröckeln
- Käse und alle weiteren Zutaten mit der weichen Butter gut vermischen (wer es lieber ganz cremig haben möchte, sollte die Käsemasse erwärmen, bis alles geschmolzen ist)
- mit Pfeffer abschmecken
- alles (eventuell durch ein Sieb) in eine Form füllen und kalt stellen

Lakenkäse

Lakenkäse, auch Salzlakenkäse oder Weiß-Laken-Käse, reift in der Salzlösung (Sole). Oft wird er aus verschiedenen Milchsorten hergestellt. Im deutschsprachigen Raum wird er gelegentlich Feta gleichgesetzt, obwohl dieser Begriff geschützt ist. Lakenkäse hat keine Rinde. Je nach der verwendeten Milch, ist der Fettgehalt sehr unterschiedlich. Er bricht und krümelt leicht.

Käse à la Feta

1 l Schafsmilch
1 l Vollmilch
150 g Joghurt
1 Msp. Starterkultur für Fetakäse
Lab
1 TL Salz

- Milchsorten mischen, auf 32–35 °C erwärmen
- Joghurt und Kultur dazugeben
- Milch möglichst 1–2 Std. warm halten
- Lab nach Herstellerangaben einrühren und alles schnell wieder zum Stillstand bringen
- Bruch kreuz und quer einschneiden
- Salz dazugeben
- Masse in eine mit Leinen ausgelegte, kastige Form schöpfen
- Leinen an den vier Ecken hochnehmen und Molke abfließen lassen (Molke nicht wegschütten)
- 4–8 Std. abtropfen lassen
- Lake mit 1 EL Salz, je 400 ml Wasser und Molke herstellen
- Käse würfeln (ca. 1 × 1 cm) und in der Lake einige Tage reifen lassen

Alternative für die Lake:
Ölmarinade mit Olivenöl, Salz, Pfeffer, Knoblauch, Chiliflocken und frischen Kräutern.

» **Mein Tipp:** Der Käse ist zu hart geworden? Entweder das Käsestück in Milch legen – das macht ihn wieder weich und schmackhaft – oder reiben und für ein leckeres Nudelgericht verwenden.

„Feta" – der nette griechische Junge ganz frisch serviert.

Hirtenkäse

2 l Schafsmilch
100 g Rahm
100 g Naturjoghurt
Lab
1 TL Salz
1 TL Kümmel

> Milch und Rahm mischen, auf 29 °C erwärmen
> Joghurt dazugeben
> Milch 1–2 Std. bei Zimmertemperatur stehen lassen
> Lab nach Herstellerangaben einrühren und alles schnell wieder zum Stillstand bringen
> Milch 1–2 Std. weiter stehen lassen
> Bruch kreuz und quer einschneiden
> Masse in ein mit Leinen ausgelegtes Sieb schöpfen
> Leinen an den vier Ecken hochnehmen und Molke abfließen lassen
> 12 Std. abtropfen lassen
> Lake mit Salz, Kümmel und 400 ml Wasser herstellen
> Käse würfeln (ca. 2 × 2 cm) und in der Lake einige Tage reifen lassen

Die perfekte Käseplatte

Eine perfekte Käseplatte bietet von allem etwas und mindestens fünf Sorten dürfen es schon sein: Frischkäse, Weißschimmelkäse, je ein Stück Schnitt- und Hartkäse, Blauschimmelkäse, Schaf- und Ziegenkäse – stets am Stück und ausgepackt sowie mit einem guten Käsemesser versehen. Man rechnet pro Person 150–200 g Käse insgesamt, wird die Platte als Dessert gereicht, genügen ca. 60–80 g pro Person. Die einzelnen Käsesorten sollten sich in Konsistenz, Aussehen und Geschmack nicht zu sehr ähneln und sich auf der Platte nicht berühren. Die Käsestücke sollten mindestens eine halbe oder sogar eine ganze Stunde vor Verzehr bereits bei Zimmertemperatur atmen dürfen und am besten drapieren Sie sie im Uhrzeigersinn von mild bis würzig. In dieser Reihenfolge sollten Sie den Käse auch genießen. Wer mit einem würzigen Käse beginnt, kann den feinen Geschmack einer milderen Sorte kaum mehr wahrnehmen.

Käseplatte à la casa: Künftig können Sie sich den Weg zur Theke sparen.

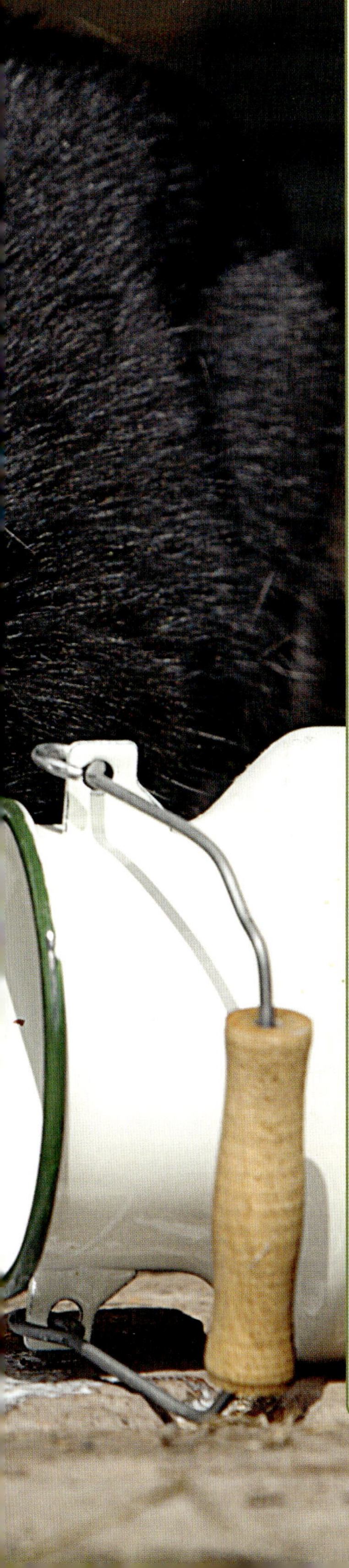

Service

Sie haben noch Fragen? In diesem Kapitel finden Sie Antworten: ein Troubbleshooting, ein kleines Glossar, Bauanleitungen für Reifeboxen, Buchtipps, Adressen für Zubehör und weiterführende Infos, Verzeichnisse und – nicht zuletzt – feine Rezepte mit Molke.

Was ist, wenn ...

Bei aller Sorgfalt – es kann trotzdem passieren, dass etwas schiefgeht. Hier die gängigsten Fehler, ihre Ursachen und was Sie im Unglücksfall tun können:

Die Milch dickt nicht ein

Die Milch war vielleicht zu warm oder zu kalt und die Milchsäurebakterien konnten sich nicht oder nicht mehr richtig entwickeln. **Was tun?** Nochmals auf 35 °C erwärmen und von vorn beginnen.
Eventuell war auch das Lab zu alt. **Was tun?** Da hilft vielleicht noch einmal auf 70 °C erwärmen und (Zitronen-)Säure in die Masse geben.
Eine weitere Ursache könnte sein, dass die Milch bei der Labzugabe zu heiß war. **Was tun?** Auch da hilft der Trick mit Säure.
Vielleicht war auch einfach nur zu wenig Lab in der Milch. **Was tun?** Nachdosieren oder zu Frischkäse verarbeiten.

Der Joghurt, die Sauermilch, Dickmilch oder Ähnliches wird nicht fest

Die Milch hatte die falsche Starter- und/ oder Stehtemperatur. **Was tun?** Entweder noch einmal von vorn beginnen oder das Ganze zum Beispiel als Basis für Salatsaucen verwenden.

Der Joghurt ist zu fest

Er wurde zu lange zu warm gehalten. **Was tun?** Kräftig durchrühren, eventuell 1–2 EL Rahm daruntermischen.

Der Käse ist zu weich

Die Bearbeitungstemperatur oder Einlabtemperatur war zu niedrig (nie unter 20 °C), vielleicht war auch die Labmenge zu gering. **Was tun?** Als Frisch- oder Weichkäse verwenden.

Frühtrieb

Man meint damit das Aufblähen des Käses, oftmals schon vor dem Salzbad. Er entsteht durch Kolibakterien oder bestimmte Hefearten in der Milch. Der Fehler liegt in dem Fall in der mangelnden Hygiene oder Kühlung beim Melken, Transport oder bei der Verarbeitung der Milch. Der Käse ist ungenießbar. **Was tun?** Der Käse muss verworfen werden.

Spättrieb

Beim Spättrieb bläht sich der Käse etwa 2–4 Wochen nach dem Verkäsen (passiert meist nur bei größeren Laiben) auf – bedingt durch Buttersäurebakterien, die bei der Erwärmung der Milch nicht abgetötet wurden. Vor allem in Silofutter oder warm gewordenem Gras und Heu, manchmal aber auch im Stroh, siedeln sich die Buttersäurebakterien an und werden von den Tieren aufgenommen. Die Käselaibe sind nicht giftig, aber schmecken eigenartig süßlich. **Was tun?** Essen oder verwerfen.

Falscher Schimmel

Das kann schnell gehen, daher immer auf gute Hygiene beim Verkäsen achten! Manchmal liegt es auch an einer zu geringen Salzkonzentration des Bades oder an zu kalter Lagerung, die den falschen Schimmel wachsen lassen. **Was tun?** Sind nur kleine Stellen betroffen, kann das Käsestück mit Essigwasser eventuell gerettet werden: Stellen vorsichtig abwaschen. Sind größere Bereiche betroffen, ist keine Abhilfe möglich. Der Laib ist ungenießbar, da der Verzehr von falschem Schimmel gesundheitsgefährdend sein kann.

Der Geschmack ist zu salzig

Entweder wurde der Bruch zu sehr gesalzen, der Käse zu früh oder zu lange ins Salzbad gegeben oder die Lake zu stark angesetzt. **Was tun?** Rahmschmelzkäse daraus machen und das Salz dabei weglassen.

Der Geschmack ist zu säuerlich

Zu viel Säure wurde zugegeben beziehungsweise konnte sich während einer zu langen Säuerungszeit entwickeln. **Was tun?** Reiben oder klein schneiden, mit Rahm oder sehr mildem Joghurt mischen, mit Kräutern würzen und als Brotaufstrich verwenden.

Der Geschmack ist zu wenig sauer

Die Säuerungskultur war zu alt oder zu gering dosiert. Vielleicht waren auch die Bearbeitungstemperaturen zu niedrig (nie unter 20 °C). **Was tun?** Reiben oder klein schneiden, mit Sauerrahm oder eher kräftig gesäuertem Joghurt mischen, mit Kräutern würzen und als Brotaufstrich verwenden.

Bitterer Käsegeschmack

Ursachen dafür sind möglicherweise eine falsche Berechnung des Labs (zu viel) oder der Milchsäurebakterien (zu wenig). Auch die Art des Futters kann schuld sein. **Was tun?** Verkochen oder verwerfen.

Fauliger Geruch

Achtung! Hier hat mangels Hygiene bei der Milchgewinnung, Behandlung und Verarbeitung die gewünschte Reifung nicht eingesetzt. Stattdessen beginnt die Eiweißzersetzung des Käselaibes. Der Verzehr ist gesundheitsgefährdend. **Was tun?** Den Käse sofort entsorgen.

Häufige Fragen

Vor allem, wenn Sie selbst neue Rezepte oder Ihre eigenen Methoden kreieren wollen, finden Sie hier wichtige Hinweise.

Welche Temperatur beim Verkäsen ist richtig?

Je niedriger die Milch erwärmt wird, desto langsamer wird sie säuern. Das heißt im Umkehrschluss: Je höher die Milch temperiert wird, desto kürzer ist die Säuerungszeit.
Desgleichen gilt:

> Bei niedrigen Temperaturen entstehen in der Regel also Frischkäsesorten.
> Bei mittleren Temperaturen entstehen Weich- und Schnittkäsesorten mit kurzer Reifungszeit.
> Bei Hartkäse wird der Bruch nachgewärmt.

Doch keine Regel ohne Ausnahmen: Mozzarella zum Beispiel ist ein Frischkäse, der sehr wohl heiß verarbeitet wird und im Baltikum macht man Frischkäse, indem man Milch und Dickmilch in kochendes Wasser kippt. In den Rezepten im Buch sind genaue Temperaturen angegeben. Sie haben aber auch die Freiheit, die Bearbeitungstemperaturen und die Stehzeiten je nach Bedarf zu verändern – mit etwas Erfahrung wird das Rezept trotzdem glücken.

Wie entstehen verschiedene Sorten von Milchprodukten?

Entscheidend ist die Art von Starter- und/oder Pilzkulturen sowie die Intensität der Salzbehandlung (je weniger Salz, desto milder ist natürlich auch der Geschmack):

> Leichte Säuerungskulturen sind insbesondere für Frischkäsearten geeignet.
> Stärkere Säuerungskulturen und Lab für alle Käsearten.
> Pilze für Sorten wie Brie oder Camembert.

Mit allerlei Gewürzen können Sie natürlich weiter variieren.

Den Käsebruch schneiden oder rühren?

> Je größer die Bruchstücke, desto weniger Käsewasser (Molke) kann abfließen und umso weicher und wasserreicher bleibt der Käse.
> Je kleiner die Bruchstücke (Zerrühren bis auf Reiskorngröße möglich), desto mehr Molke kann abfließen und umso fester wird später der Käse.

Soll man den Käselaib pressen oder nicht?

Generell gilt hier: Je fester der Käse werden soll, desto mehr Wasser muss vorher raus und desto länger ist auch die Reifezeit (damit noch mehr Wasser aus dem Käse verdunsten kann).
Mit dem Flüssigkeitsverlust verlängert sich gleichzeitig die Haltbarkeit.

- Weichkäsesorten können, müssen aber nicht gepresst werden.
- Schnitt- und Hartkäse muss gepresst werden.

Soll der Käse reifen oder nicht?

Für Käsesorten, die ihren Geschmack erst durch eine längere Reifezeit entfalten, ist der Reifeprozess unumgänglich. Da heißt es geduldig sein. Das gilt für alle Weichkäsesorten, vor allem auch für die Rotschmier- und Edelschimmelsorten, aber besonders auch für sämtliche Schnitt- und Hartkäsesorten. Nur Frischkäse benötigt keine Reifezeit, der wird „frisch“ genossen.

Käse aus der Mikrowelle?

Ja, das ist möglich. Man kann, statt die Milch im Topf zu erwärmen, diese in der Mikrowelle warm machen (keinen Edelstahltopf verwenden!!!).
Bakterien, gute wie schlechte, werden allerdings zum Teil in der Mikrowelle abgetötet. Das gilt auch für Milchsäurebakterien, diese werden durch Mikrowelleneinstrahlung unwirksam. Sinnvoll ist also die Erwärmung in der Mikrowelle dann, wenn man ohnehin schon wärmebehandelte Milch verwendet. Dann ist es eine schnelle und unkomplizierte Art, Milchprodukte herzustellen: in der Mikrowelle wärmen, dann impfen und wie gewohnt weiter verfahren.

Wie wird Käse eingeteilt?

Nach dem Wassergehalt in der fettfreien Käsemasse:
Hartkäse: Wassergehalt bis 56 % (Bergkäse, Parmesan, Emmentaler, Pecorino)
Schnittkäse: Wassergehalt 54–63 % (Edamer, Gouda, Tilsiter)
halbfester Schnittkäse (Halbhartkäse): Wassergehalt 61–69 % (junger Käse, Butterkäse)
Sauermilchkäse: Wassergehalt 60–73 % (Harzer Käse, Kochkäse, Handkäse)
Weichkäse: Wassergehalt über 67 % (Brie, Münsterkäse, Feta, Camembert)
Frischkäse: Wassergehalt über 73 % (Quark, Hüttenkäse)

Nach dem Fettgehalt in der Trockenmasse (Fett i. Tr.):
Magerstufe: weniger als 10 % Fett i. Tr.
Viertelfettstufe: mindestens 10 % Fett i. Tr.
Halbfettstufe: mindestens 20 % Fett i. Tr.
Dreiviertelfettstufe: mindestens 30 % Fett i. Tr.
Fettstufe: mindestens 40 % Fett i. Tr.
Vollfettstufe: mindestens 45 % Fett i. Tr.
Rahmstufe: mindestens 50 % Fett i. Tr.
Doppelrahmstufe: 60–87 % Fett i. Tr.

Nach dem Herstellungsprozess:
Hartkäse (bei Rohmilch: Extrahartkäse) mit mindestens 45 % Fett in der Trockenmasse

Wie viel Fett ist wirklich drin?

Der tatsächliche Fettgehalt des Käses kann anhand dieser Faustformel ermittelt werden:
Hartkäse: Fett i. Tr. × 0,7 = absoluter Fettgehalt
Schnittkäse: Fett i.Tr. × 0,6 = absoluter Fettgehalt
Weichkäse: Fett i. Tr. × 0,5 = absoluter Fettgehalt
Frischkäse: Fett i. Tr. × 0,3 = absoluter Fettgehalt

Wie viel Kasein ist im Käse?

Kasein ist das wichtigste Eiweiß in der Milch. Es verbessert ihre Verarbeitungseigenschaften und sorgt für die Festigkeit des Käses. Je höher der Kaseingehalt in der Milch ist, umso größer ist die Ausbeute bei der Käseherstellung. Der Gehalt wiederum ist von verschiedenen Faktoren wie Tierrasse, Laktationsstadium oder Fütterung abhängig.

Schnitt- und Halbschnittkäse, auch aus pasteurisierter Milch oder aus Rohmilch mit den vier verschiedenen Fettgehaltsstufen: Rahmkäse (mindestens 55 % Fett i. Tr.), Vollfettkäse (mindestens 45 % Fett i. Tr.), Viertelfettkäse (mindestens 15 % Fett i. Tr.) sowie Magerkäse (weniger als 15 % Fett i. Tr.)
Weichkäse aus pasteurisierter Milch mit Schimmelreifung oder mit Rotschmiere
Frischkäse als rindenloser, nicht gereifter Käse, der unmittelbar nach der Herstellung genussfertig ist wie Quark, Hüttenkäse, Rahmfrisch- oder Doppelrahmfrischkäse
Sauermilchkäse: ohne Lab, nur mithilfe von Milchsäurebakterien
Labkäse: mit Lab, im Kälbermagen vorkommendes Enzym
Molkenkäse: durch das Auskochen von Molke
Schmelzkäse: aus verschiedenen Käsesorten unter Zusatz von Wasser und Schmelzsalzen
Rohmilchkäse: aus unbehandelter Milch
Schimmelkäse: mit Pilzkulturen
Rotschmierkäse: mit Schmierbakterienkulturen
Pasta Filata
Lakenkäse

Nach der Stockart der Milch:
Labkäse: die Milch wird durch die Zugabe von Lab gestockt
Sauermilchkäse: die Milch wird hauptsächlich durch Säuerung der Milchsäurebakterien gestockt)

Welches Schneidwerk nehme ich?

Um Käse zerteilen und schneiden zu können, sind auf dem Markt viele verschiedene Werkzeuge erhältlich. Hier die gängigsten Instrumente dafür:
Käsemesser: meist mit durchbrochener Klinge und/oder versetztem Griff – für alle Käsesorten
Käsebeil: für alle Käsestücke
Käsereibe: zum Raspeln von Schnitt- und Hartkäse
Käsehandhobel: zum Hobeln von Käsescheiben aus der Hand
Käsetischhobel: stabiler Tischhobel, besonders für Hartkäse zum Abhobeln von Käsescheiben
Käsespaten: für Schnitt- und mittelfeste Hartkäsesorten
Käsepickel: bricht aus sehr harten Käsesorten die Stücke einfach heraus
Käsedrahtschneider: besonders für alle Weichkäsesorten mit Schimmel
Käsehebel: speziell für die Käsesorte Tête de Moine, der den Käse einfach abschabt
Käsemühle: für ganz frisch am Tisch zu reibende Hartkäsesorten

Wie ist das nun mit rechts- und linksdrehender Milchsäure?

Milchsäure kann zwei Formen haben, die chemisch identisch sind, aber – wie Bild und Spiegelbild – eine unterschiedliche räumliche Struktur haben: L-(+)-

Milchsäure und D-(–)-Milchsäure. Erstere wird auch als rechtsdrehend bezeichnet, Letztere linksdrehend (das hat mit einer physikalischen Messung mit Licht zu tun, bei der die beiden Milchsäuren unterschiedlich reagieren).
Der menschliche Körper kann nur L-(+)-Milchsäure selbst erzeugen. Manche Bakterien stellen beide Formen her, andere nur eine von beiden.
Lange Zeit war die linksdrehende Milchsäure in Verruf. Es hat sich jedoch herausgestellt, dass sie in den vom Menschen aufgenommenen Mengen nicht schädlich ist. Die Industrie jedoch zehrt nach wie vor von der Diskussion um „links" und „rechts". Als Verbraucher kann man diese jedoch getrost vergessen!

Wie baue ich eine Reifebox?

Die richtige Umgebung ist für die Käsereifung sehr wichtig. Schon mit einfachsten Mitteln können Sie sich Ihre eigene Reifebox bauen. Hier einige Ideen.

Reifebox „Standard"

Material:
ein etwa 5 l fassendes Gefäß (Steinguttopf, hohe Glas-, Plastik- oder Porzellanschüssel)
einen kleinen Teller oder eine Untertasse
Käsereifehölzchen, Holz- oder Metallrost
sauberes Geschirrtuch
4 Wäscheklammern

> eine Tasse Wasser in das Gefäß gießen und das Tellerchen hineinstellen
> Rost oder Hölzchen auf den Teller legen; darauf kommt später der Käse
> Geschirrtuch über den Gefäßrand spannen und mit den Klammern festhalten
> das Gefäß an einen entsprechend temperierten Ort aufstellen

Reifebox „Premium"

Material:
Plastikbox mit zwei Schubladen (etwa wie sie für die Papierablage angeboten wird)
Dreieckleisten
Holzsäge und Gehrungslade
Bohrmaschine und Bohrer (für Plastik geeignet) mit 4 oder 6 mm Durchmesser

> in die Oberseite der Box im Abstand von jeweils etwa 5 cm Luftlöcher bohren
> den oberen Schubladenboden ausreichend mit Löchern versehen (am besten in Längsreihen, alle 5 cm ein Loch)
> die Dreieckleisten in der Länge der Schubladenböden zu Käsereifehölzchen sägen und am Rand und zwischen den Lochreihen anordnen (also abwechselnd Lochreihe, Holz, Lochreihe, Holz, ...); darauf kommt später der Käse
> in den unteren Schub 1–2 cm hoch Wasser einfüllen
> Box an einem entsprechend temperierten Ort aufstellen

Nicht vergessen

Das Wasser in der Box muss, egal für welches Konstrukt Sie sich entscheiden, stets einmal wöchentlich erneuert werden.

Reifebox Modell Superior – wirklich ganz easy.

Reifebox „Superior" (drei Schuber) oder „de Luxe" (vier Schuber)

Material:
geschlossenes Küchen-Plastikwägelchen mit 3 oder 4 Schubladen (Baumarkt)
Vierkantleisten (Baumarkt) mittlerer Größe mit mittiger Nut
Dreieckleisten
Teppichmesser
Holzsäge und Gehrungslade
Bohrmaschine und Bohrer (für Plastik geeignet) mit 4 oder 6 mm Durchmesser

> in den Deckel Luftlöcher im Abstand von etwa 5 cm bohren
> den oberen Schuberboden ausreichend mit Luftlöchern versehen (am besten in Längsreihen, alle 5 cm ein Loch)
> den mittleren Boden (oder die beiden mittleren Böden) mit dem Teppichmesser so ausschneiden, dass ein Rand von etwa 1,5–2 cm stehen bleibt
> Vierkantleisten als Rahmen auf Gehrung sägen und die Kanten damit umkleiden: Die Nut muss außen am Rahmen sitzen und das Ganze so abgemessen sein, dass der Rahmen allein durch die Spannung hält
> Dreieckleisten in der Länge der Schubladenböden zu Käsereifehölzchen sägen und lose auf den (die) Holzrahmen legen oder mit der Heißklebepistole festkleben; darauf kommt später der Käse
> den obersten Schuber mit Heu, Holzspänen, Asche oder anderen, passenden Aromastoffen befüllen
> in den unteren Schuber 1–2 cm hoch Wasser einfüllen
> Wägelchen an einem entsprechend temperierten Ort aufstellen

Das Gleiche funktioniert natürlich auch mit einer Plastikbox, die nach vorn noch kleine „Luftschlitze" hat, mit mehreren Schubladen zur Papierablage. Es genügt dann, die mittleren Böden (oder nur die Seitenteile) mit Luftlöchern zu versehen – am besten ebenfalls als Reihe angeordnet. Am Rand und zwischen die Löcher legt man dann, genau wie beim „Premium"-Modell, die Käsereifehölzchen.

Kleines Glossar

Affinage: Reifezeit des Käses
Affineur: Käsepfleger, dem die Pflege der Käselaibe bis zum gewünschten Reifegrad obliegt
Bruch: (auch Käsebruch) dicke, geronnene Milch, bei der sich die festen Bestandteile von der flüssigen Milch (der Molke) getrennt haben
Bruchschneider: (auch Käseharfe, Käsegitter, Dickmilchschneider) sieht aus wie ein halber, überdimensionaler Eierschneider und schneidet die dick gelegte Milch in kleine Quader
Cendré: pulverisierter Holzkohle für Aschearoma
Dicklegen: die Milch mittels Säure (als Starterkultur) und/oder Lab zur Gerinnung bringen
Flora (in der Milchküche): die Gesamtheit der Mikroorganismen
Gallerte: (auch Dickete oder Koagulum) Bruchmasse ohne Molke
Gärlochung: Löcher, die sich im Käselaib durch Gase (meist Kohlendioxid) bilden
Homogenisierung: Verkleinern der Fettkügelchen in der Milch zur Verhinderung von Rahmbildung auf der Oberfläche der Milch
Käseteig: das Innere eines Käses oder die Käsemasse
Kasein: (auch Casein) das wichtigste Milcheiweiß bei der Käseherstellung
Lab: Substanz aus Kälbermägen (oder anderen Jungtieren), welches zum Dicklegen der Milch verwendet wird
Molke: (auch Käsewasser, Sirte oder Schotte) gelbliche und flüssige Bestandteile der Milch, die sich nach dem Dicklegen vom Bruch trennen
Pasteurisieren: Erhitzen der Rohmilch zur Abtötung von Krankheitserregern in der Milch
Salzbad: Einlegen der Käselaibe in eine 15- bis 20 %ige Salzlösung
Schimmelkulturen: ausgewählte Edelschimmel für die Oberflächen und/ oder den Käseteig
Starterkulturen: Milchsäurebakterien in Form von Milchprodukten (Joghurt, Butter- oder Dickmilch und Ähnlichem) oder gefriergetrockneten Kulturen
Sterilisieren: Erhitzen der Rohmilch zur Abtötung aller Keime in der Milch
Trockenmasse: alle Bestandteile des Käses abzüglich des Wassers
Ultrahocherhitzung: ein Verfahren zur Erhitzung der Milch zur Abtötung von unerwünschten Keimen in der Milch

Molke ist ein Powerwasser: ob trinken oder darin baden – alles ist mit ihr möglich (hintere Umschlaginnenseite)!

Buchtipps, Adressen und Links

Für meine Recherchen habe ich das Internet – ein Quell der Informationen und des Wissens –, Kataloge, Zeitschriften und Bücher zurate gezogen. Die Internetadressen sind gleichzeitig meist auch interessante Bezugsadressen für Rohstoffe aller Art, Handwerkszeug, Verpackung und vieles mehr.

Buchtipps

Käselexika

> Engelmann, Holler: Das Feinschmecker-Handbuch Käse, h. f. ullman/Tandem, 2008
> Glass: Käse, Collection Rolf Heyne, 2006
> Iburg: Dumonts kleines Käse Lexikon, Dörfler, 2003

Verarbeitung

> Donhauser: Quark, Butter, Joghurt, Käse hausgemacht, Ludwig, 1997
> Hanreich, Zeltner: Käsen leicht gemacht, Stocker, 2007
> Mayer-Reithofer: Milchprodukte selbstgemacht, Av Buch, 2005
> Nilsson, Aly: Käse hausgemacht – Praktische Rezepte für viele Käsesorten, Ennsthaler, 1999
> Pütz, Norten: Hobbythek. Joghurt, Quark und Käse, Vgs, 1999
> Schmidt: Käse, Butter, Joghurt – leicht selbstgemacht, Hädeke, 1988

Internetseiten

Käsereibedarfswaren

> www.effingerklaus.de
> www.fritz-juergensen.de
> www.genussreichshop.de
> www.hbs24.com
> www.hundsbichler.com
> www.kaesereibedarf.de
> www.kaesereibedarf.co.at
> www.kaesereibedarf.eu
> www.kaesereibedarf-leidinger.com
> www.kaesereibedarf.at
> www.kuechenchefs24.de
> www.rink-gmbh.de

Infos

> www.cos21.de/sachbuch/joghurt-quark-und-käse
> www.foolforfood.de
> www.kaese-info.de
> www.kaese-selbermachen.de
> www.lebensmittellexikon.de
> www.milchindustrie.de

Milchbeschaffung

> www.bueffelverband-deutschland.de
> www.esel.org
> www.schafe.de/index-Dateien/Page466.html
> www.ziegen-treff.de/ziegenhalter

Rezeptverzeichnis

Zur Autorin

Cosima Bellersen Quirini ist in Freiburg/Breisgau geboren und in Singen/Hegau aufgewachsen. Seit 1987 lebt die Mutter von mehreren Kindern in Celle bei Hannover und ist dort als Belletristikautorin und Dozentin für diverse Workshops zum Thema Selbermachen tätig.
Die Leidenschaft des Selbermachens hat sie früh für sich entdeckt – bereits seit über 30 Jahren beschäftigt sie sich mit der Herstellung von Naturkosmetik und natürlichen Heil- und Lebensmitteln. Beim Experimentieren und Optimieren findet sie immer wieder neue Rezepte und Möglichkeiten.
Besuchen Sie Cosima Bellersen Quirini im Internet: www.cos21.de

Bildquellen

Die Fotos stammen von Heike Schmidt-Röger mit Ausnahme der folgenden:
branex - Fotolia.com: Seite 97
iStockphoto/Mücahiddin Sentürk: Seite 56
mauritius images / Food and Drink: Seite 46
mauritius images / imagebroker / Norbert Michalke: Seite 11
mauritius images / Prisma: Seite 2 links (6/7)
mauritius images / Roland T. Frank: Seite 2 rechts (20/21)
Stockfood/Louise Lister: Titelfoto

Bibliografische Information der Deutschen Nationalbibliothek
Die Deutsche Nationalbibliothek verzeichnet diese Publikation in der Deutschen Nationalbibliografie; detaillierte bibliografische Daten sind im Internet über http://dnb.d-nb.de abrufbar.

Wollgrasweg 41, 70599 Stuttgart (Hohenheim)
E-Mail: info@ulmer.de
Internet: www.ulmer.de
Umschlagentwurf: red.sign, Anette Vogt, Stuttgart
Lektorat: Gabi Franz, Christine Schneider
Herstellung: Silke Reuter
Satz: pagina GmbH, Tübingen
Reproduktion: timeRay visualisierungen, Herrenberg
Druck und Bindung: Westermann Druck, Zwickau
Printed in Germany

ISBN 978-3-8001-7650-2